101%のプライド

村田諒太

JN242301

幻冬舎文庫

101%のプライド

101%のプライド　目次

まえがき　7
第1章　金メダル　9
第2章　ルーツ　67
第3章　恩師との出逢い　99
第4章　挫折と再起　131
第5章　家族と友　169
第6章　最強を求めて　203
最終章　プロ転向、そして世界ミドル級王者として　243
あとがき　293
解説　飯田覚士　297

まえがき

このたび、２０１２年12月に出版した僕の初めての書籍、『１０１％のプライド』を文庫化することになりました。

この本を単行本として出版したのは、約５年半前になります。

正直、今の自分はそのときとは考え方が随分変わった部分もあります。

今の考えを反映させ、大きく変更することも可能でしたが、五輪直後に書いた味が消えてしまうと思い、当時書いた文章にはほとんど修正を加えませんでした。

当時出版したこの内容は、ロンドン五輪で金メダルを取《と》った後の過渡期の自分にしか書けない内容で、それなりの味があるのかなと思ったからです。

その代わり、最終章に、プロになってからの経験、世界タイトル奪取までの苦悩やメンタル、五輪、プロの世界王者になるまでに経験して得た人生観などを追記しました。

中学で担任をしていただいた北出《きたで》先生、高校の恩師・武元《たけもと》先生、東京の父・東郷さん、帝拳ジムの本田会長、電通、フジテレビの皆様、サポートしてくださるスポンサーの皆様、他にも名前をあげればキリがありませんが、今まで出逢った、すべての人との出逢いがなければ、このような人生を歩むことはありませんでした。正に奇跡だと思います。

この奇跡という表現は、決して自分の人生を大袈裟に捉えて言っているわけではありません。それぞれの歩んできた人生の中で、何か一つでも違っていたら、自分たちの「今」はあり得ないわけです。今回、文庫化するにあたって読み返してみて、そんなことを改めて感じました。

この本は、学術的な書籍や、ハウツー本とは異なりますが（そういったものは、また機会をいただければ、書きたいと思います）、五輪を終えるまでの僕の人となり、人生経験を笑いも含めて書いたつもりです。くだらないギャグも挟んでいますので、お手すきのときにクスッと笑いながらお読みいただければ幸いです。

2018年4月　村田諒太

第1章　金メダル

五輪前のある夜、夢に現れた、亡き恩師

僕は緊張しやすい。プレッシャーにも弱い。

傍若無人の怖いもの知らずに見えるかもしれないが、見かけによらず僕のハートは、ガラスどころか、もっと破れやすい夜店の金魚掬《すく》いのポイ（紙で作った道具）みたいなものだ。ただでさえ小心者なのにロンドン五輪でのプレッシャーは半端ではなかった。「期待されてメダルも取れへんかったらどないしょ」と不安だったのである。

プレッシャーから自分を解放する方法は２０１１年の世界選手権のときに成功していて、それは後述するが、オリンピックとなるといろいろと考えすぎてしまった。

ロンドン五輪前に「報道ステーション」の取材で松岡修造さんに会った。

あの元気というかテンションの高さは、テレビで見るより実際は30％くらい低かったが（笑）、その松岡さんが、いいことを教えてくれた。

松岡さんは、テニスプレイヤーだった頃、試合前はいつも、楽しいことだけを考えて寝ることを心がけていたそうだ。

松岡さんはお寿司が大好物なので、寝る前に、お寿司をどの順番で注文して食べるかを考

えていると、いつのまにか睡魔に襲われるらしい。プラスの楽しいイメージが、潜在意識となって落とし込まれるという。僕は、そういうことを聞くとすぐに実行する。ロンドン入りすると、僕は、オリンピックで優勝しているシーン、勝っているシーンを思い描きながら寝るようにしていた。それでも、すぐに「ネガティブ君」が群れをなして襲ってくる。

対戦組み合わせ抽選の2日ほど前の夜だった。

夢に、ふと南京都高校のボクシング部監督の武元前川《たけもとまえかわ》先生が出てきた。2年前に突然、亡くなられた恩師が、すぐそこに立っていた。

目の前に見えているのに、なぜか手を伸ばしても届かない。

「なんでここにいるんですか？」

そう尋ねても武元先生は黙っていた。

「いるんやったら、なんで声を掛けてくれないんですか」

夢の中で僕は怒った。

武元先生はニコッと笑ったが、何も答えてはくれなかった。

「先生、いるなら教えてください！　なんで何も言ってくれないんですか」

僕は夢の中で、泣きながら怒っていたが、そこで、ふっと目が覚めた。

頬が涙で濡《ぬ》れていた。僕はリアルに泣いてしまっていた。

「今のは、何やったんやろう」

寝ぼけていたこともあって、一瞬、現実と夢の世界がごっちゃになってしまっていたが、ふと、「ああ、武元先生は、近くにおるんやわ」と思った。

僕は霊的な現象は信じない。しかし、確かに武元先生の存在をそこに感じたのだ。

その瞬間に悩みやプレッシャーが、すーっと消えていくのがわかった。

「武元先生が近くにおるんやから、別になんも不安はないやん。見守ってくれてるやん」

そう思うことができて、孤独感と不安がふっと消えた。不思議な出来事だった。


高校時代も、その後国際試合に出たときも、武元先生がセコンドについていてくれたが、特別何を言われるわけでもない。バンと背中を叩《たた》いて「大丈夫だよ。たいしたことないよ」と言われるだけで、心に安心感が生まれる。そこにいてくれるだけで心強い。

これは、先輩の言葉の受け売りだが、「影響力」という言葉は「影が響く力」と書く。

武元先生が、そこにいてくれるという影が、高校時代から僕たちにとって響き、力を与えてくれたのだ。そういう影響力を持った武元先生が、そこにいて見守ってくれていると思うと、凄く気持ちが楽になった。

同じ頃、日本で応援してくれていたオヤジからもメールが来た。

「メダルなんか関係ない。あしたのジョーの世界や。あしたのジョーは、たった一人で、リングに向かう。ボクサーとして、その姿勢こそが大切であって誇るべきものだ。メダルが取れようが、取れまいが関係あらへん」

その言葉にも、勇気づけられた。

「子供のとき夫婦喧嘩《げんか》ばっかりしていたオヤジやけど、ええこと言うやん」

小さい頃、家には、オヤジの買った『あしたのジョー』のコミックが揃っていたが、全巻ではなく、なぜか矢吹丈対カーロス・リベラ戦まで途切れていた。そのせいで、あしたのジョーの世界やと言われても、理解は中途半端なのだが（笑）、オヤジの言いたいことは何となくわかった。

結果ではなく、示すべきは、戦う姿勢なのだと。それこそが男のプライド。

ここまで来れば「緊張している」という自分を受け入れるしかない。

そして**勝つか負けるかの勝敗については深く考えない。勝つために何をするかに焦点を合わせるのだ。**

勝つか、負けるかを考えてしまうと、勝ちたいという気持ちが、何らかの形で緊張や力みにつながる。だが、勝つためにどうするかという具体的な戦術、戦略だけに細かく焦点を合わせると、「力を入れたらあかんな」「ビビってたらあかんな」とわかってきて、「負けたらどうしよう」というプレッシャーからは解放される。勝ち負けに執着しなくなる。知らぬまにメンタルがコントロールできるのだ。

そして緊張を解きほぐす最も効果的な手段は「笑い」である。

準決勝でも決勝でも笑いながら入場したのは、緊張から来る硬さをほぐすためだ。ちなみに花道で僕が笑いながらハイタッチしていたのは、東洋大のOBでロンドン五輪出場メンバーの須佐《すさ》勝明先輩と、鈴木康弘（共に自衛隊）である。

「ガンガン行って倒してやる！」みたいな強い集中力や闘争心は、試合前にはあえて持たないようにしている。僕の場合、試合前に極度に集中しすぎると、その気魄《きはく》が力みに変わって硬くなる。むしろ笑ってリラックスしたいのだ。

元々はやんちゃな人間だから「お前なんかに負けたくない」という負けん気は失っていない。しかし、ボクシングは喧嘩とは違う。

「オレが、やってきたことの方が上や。絶対、オレの方がおまえより練習してる。オレは、このためにやってきたんや」。そういう心理状態である。

こういう思いは、何度も繰り返して自己暗示のように言い聞かせるわけでもない。

心の奥底に置いてあるだけだ。だから僕の場合は、入場前に柔道の金メダリスト、松本薫選手のようにヒットマンみたいな目にはならない（笑）。

ロンドン五輪のボクシング会場は、Ｅｘｃｅｌ（エクセル）というヨーロッパ最大規模の多目的施設の中に5つもあるアリーナのひとつだった。「アリーナ4」は、連日、超満員だった。ここに来るまで、多くの国際試合を経験してきたが、オリンピックは何もかもが違っていた。観客の盛り上がりだけでなく、何より選手の気持ちが違う。

「このためにやってきた」「ここで人生を変える」という人生を賭けた人間だけが醸し出す、ピーンと張り詰めたような独特の緊迫感があった。

国によっては、報奨金も違うだろう。特に社会主義の国では、金メダルを獲得すれば安定した一生の生活が保障される。その典型だったのが強豪キューバだが、最近は国家財政的な問題なのか、海外への亡命選手が増え、メダル獲得数が減った。それでもタイや旧ソ連圏など、金メダルを取れば一生が約束される国はある。目の色が変わるのも当然だろう。

会場の控え室は小さかった。大きな部屋にパーテーションで仕切って一人2畳くらいのスペースに椅子が置いてある。僕は閉所恐怖症なので、そこにはできるだけ長い時間いないようにしていた。ギリギリまで選手村にいて、1時間半前に到着するように考え、控え室に入ると着替え、オフィシャルから提供された真っ白なバンデージを巻いた。

オリンピックは、人によっては人生が変わる場所であり、人によっては挫折を味わうところでもある。夢を見る舞台。その夢は、悪夢か、いい夢か、どちらになるのかはわからないが間違いなくそこに夢は落ちている。世界最大のスポーツの祭典であり、アマチュアボクシングに、すべてを賭けているボクサーにすれば、あれ以上の場所はない。

緊張するのも、力が入るのも当たり前だが、僕は今ここで試合ができる幸せを嚙《か》み締めようとしていた。

尊敬するアスリートの一人に、オリンピックの女子レスリングで3連覇、その前後の世界選手権では前人未到の13連覇を成し遂げ国民栄誉賞を受賞された吉田沙保里さんがいる。

ＪＯＣのマルチサポートハウスで、たまたま手にした何かの小冊子に沙保里さんの記事があって、そこにこんなコメントが載っていた。

「オリンピックは死ぬほど緊張するけれど、これ以上ない最高の舞台だ」

僕は「さすが連覇した女王。ええこと言うな」と感動を覚えた。

「そうやな、緊張しているけれど、これ以上の舞台ないもんなあ」

オリンピックの舞台という初めて味わうプレッシャーに苦しんでいた僕は、そういう沙保里さんの明るい考え方に大いなる刺激を受けた。

控え室では携帯に保存しておいた1歳の息子、晴道《はるみち》の動画を入場の直前まで見続けていた。心が和み、それだけでニヤッと笑いが止まらない。

親バカかもしれないが、本当に可愛い。海外に行く前に、3つ、4つと可愛いシーンを撮り溜《だ》めしておく。愛《いと》しい息子の動画は何度見ても思わず頬が緩む。

妻と子供がいて、この満員の観客で埋まったオリンピックの舞台。

48年ぶりの金メダルが期待されているプレッシャーはあるけれど、ガチガチに緊張するのではなく、その幸せな状況を楽しもうという気持ちになれた。

僕は控え室の壁に「武元軍団」と染め抜かれたTシャツを吊《つ》るした。

「武元先生の魂を忘れるな」という気持ちを込めて南京都高校ボクシング部の顧問の先生が、部員やOBに作ってくれたTシャツである。僕は、そのTシャツに向けて「先生、行ってきます！」と、両手を合わせて、控え室を出た。

武元先生も、きっと、そこで見てくれている。

平常心に近い心境だった。

2012年8月11日。ロンドン五輪ミドル級の決勝戦は、雰囲気も含め心から楽しめた。日本人として48年ぶりに、この場に立ったという幸福感。

夢心地とは、こういうことをいうのだろう。

僕は、あの日、緊張ではなく、まるで夢を見ているような感覚に浸っていた。

理想の男は崖っぷちで女性を口説けるルパン三世

僕が理想とする男は、崖っぷちで女性を口説けてユーモアを忘れないルパン三世だ。僕なりの男の美学である。

南京都高校時代の話は詳しく後述するが、とにかくボクシング部は合宿が多かった。先輩たちの時代は、１００日合宿というようなものがあったらしいが、僕らも試合前になると3週間、ぶっ続けで合宿を張る。校内に宿泊施設があって、全員が大広間で雑魚寝《ざこね》をするのだ。

ボクシング部の合宿での伝統が、消灯前の一発芸である。

10時半が消灯の時間だったが、その前に一日一人ずつ一発芸を披露するのが恒例だった。ただし、ドカンと受けなければ終わらない。関西人は笑いにシビアなのです。

今考えてみれば、とにかく、しょーもない（笑）。

教室の入り口に一人が立って、もう一人が隠れて反対側の入り口から手だけを出して、電灯のスイッチをつけたり消したりする、〝むっちゃ手の長い人間〟を演じてみせるコンビ芸。

いきなり、ヤカンと鍋を持って登場してきて、それを頭上にぱっと掲げて「うーん、なべやかん！」とひと言。かといえば、グルンとでんぐり返しをして登場。立ち上がった瞬間、手に巻いて隠し持っていたバンテージをパッと糸のように投げつけて、「バーン、スパイダーマン！」とか。そんなくだらないことを延々とやっていた。

僕も1年のときはやらされた。一発芸の演目は、中国拳法の達人。

「アアー、アリャ、アアー、アリャ、ウワー、ワチャー」と、奇声を発しながら、空手というか映画でジャッキー・チェンがやるような中国拳法の物真似をして、その芸の締めを「オワッチャー」と言って手に持っていたお茶を見せて終わらせると、意外や意外。

「しょうもなあ、しょうもなあ」と言われながらも、ドカンと受けた。

合宿中は、練習でみんな疲れ果てているはずなのに笑いを忘れない。単なるアホの集まりだったともいえるが（笑）、これは僕の男の美学に近い。

憧れは、ルパン三世である。

ルパンの何が凄いかといえば、殺されかけているときに女性を口説く、笑いをとる。

「カリオストロの城」でも、何度殺されかけても、「お嬢ちゃん……」とか言っている。**とことん追い詰められているときでさえ、心に遊びや笑いの余裕を持つ。**そういう広くて深い度量を持っている男こそが、カッコイイ。

本当の紳士とは、ルパン三世だろう。スケベでもええやんか（笑）。いつも心に余裕を持っている男こそが、僕の理想の男である。

笑いつながりで少し長い余談を。

おそらく関西人のサガなのだろう。僕は、お笑いが大好きである。東洋大に通うため、奈良から東京に引っ越してきて（といっても、生活の拠点はほとんど埼玉だったが）、カルチャーショックはたくさんあった。

「人が多いなあ。大阪も歩くの速いけど、もっと人の流れが速い。ビルだらけやん」

京都の高校といっても、ほとんど奈良に近い高校に通っていた僕からすれば、目を白黒させる感じだった。人と人の触れ合いも少ない。何か冷たさを感じた。

大阪のように、知らない人にも、片っ端から、〝アメちゃん〟（関西人の多くは飴《あめ》のことをちゃん付けで呼ぶ）を配るようなおばちゃんもいない。

さらに悲しかったのが、土曜の昼にテレビで吉本新喜劇が放送されていなかったことである。

ネコ芸が出色の池乃めだかさんに、お約束通りのボケと突っ込み。定番なのに、「なんでこんなに笑えるの」と思えるほど笑える。その吉本新喜劇という笑いの文化と週に一度、触れ合えなくなったことが一番のショックだった。

ただし、笑いに関しては、東京の人はストライクゾーンが広いと思う。関西人は、ボケと突っ込みの流儀が浸透しすぎて、笑いのストライクゾーンが意外と狭い。

お笑い芸人さんの中では、ダウンタウンさんが、むっちゃ好きである。「ジャンクSPORTS」などの番組で浜田雅功《まさとし》さんに会えたことは感動的だった。

とにかく僕のツボにはまったのが、小学校のときにやっていた「ごっつええ感じ」。DVDになっているので、その後も見ているが、何回見ても面白い。「ゴレンジャー」のパロディ。死んだはずの松ちゃん（松本人志《ひとし》さん）が、ガラッと出てきて「僕死んだ？」と聞く、葬式のシリーズ。あのあたりのネタが大好きだった。天才とは、松本人志さんのような人をいうのだろう。笑いの感性が違う。ロンドンの選手村でも「ごっつええ感じ」のビデオを見ていた。

千原ジュニアさんも大好きだが、とりわけのお気に入りは「笑い飯」である。「フットボールアワー」が優勝したときの「M－1グランプリ」の予選で披露していた、奈良なんとか博物館のネタ。そのネタが最高。もはや伝説的な鳥人のネタも好き。まさにネタのスペシャリスト。

笑いは、最大の癒しである。僕は練習ノートをつけていたが、好調のときはどんなとき？

と、チェックすると、笑いが絶えないときなのだ。

絶体絶命のピンチで訪れたZONE体験

アスリートには、ZONEとか、フローとかいわれる体験があるという。心身ともに最高の状態になったときに自分が普段出せないような最高能力が発揮される瞬間のことをそう呼ぶそうで、体験談を聞くと、動きがストップモーションに見えたとか、時間が止まったとかの体感があるらしい。僕は、そこまでのものはないが、それらしき、ちょっと特別な体験が過去に二度ほどあった。

ひとつのZONE体験は、ロンドン五輪のメダルが確定した準々決勝のトルコのアデム・キリッチとの試合である。

3ラウンド目を迎え、僕は1ポイント差で負けていた。残り20秒あるかないか。絶体絶命のピンチに僕は、相手が次にどう動いてくるか、一歩先が読めたのだ。感覚的な世界だが、神経が極限まで研ぎ澄まされ、「ここで打ってくる」と、一手先がわかった。僕はそこへ渾《こん》身《しん》の右のカウンターを合わせた。スリップダウンとジャッジされたが、あれは正真正銘のダウンだったと、今でも疑わない。

何度も対戦して慣れている相手に対して、次に打ってくるパンチが読めることはある。だがあのときは、**何が何でも逆転せねばならない崖っぷちの危機感から生み出された「火事場の馬鹿力的な何か」が、僕の感覚に宿った**ような気がする。

同じような体験は、高校のときにもあった。

高校2年の高知国体を前にしてサウスポー選手とのスパーリング中に左目の上をカットした。マンガ『はじめの一歩』で、血が目に入ると、プールに入ったときのように、ぼやけると書かれていたが、「ほんまにそうなるんや。もっとひどいけど」と思った。

当時、武元先生が「縫わない方がいい」とおっしゃって、接着剤みたいな医療用のスプレーとテープを貼って傷口を留めた。その練習中に負った傷が、国体の準決勝の試合でパクッと開いてしまったのだ。

何とか縫わずに応急処置をして血は止まったが、決勝戦でもしパンチがその傷をかすれば、再び開いてドクターストップで負けにされてしまうだろう。サッカー番組の体《てい》でいうと、「絶対にパンチをもらえない試合がそこにはあった」のである（笑）。

ライトミドル級の決勝の相手は、広島の崇徳《そうとく》高の末永大志《すえながたいし》。僕は、その試合で相手のパンチが全部見えた。パンチの出所がわかるから、ブロックすることも避けることも自在にできる。〝完璧な距離感〟と呼べばいいのか。パンチをもらう気がしなかったのだ。

結局、左目の上に1発もパンチをかすらせずに、2ラウンドに右のクロスから左フックを決めてレフェリーストップで勝った。アンタッチャブルとは、このことである。

この2試合の研ぎ澄まされた感覚だけは、まぎれもなく特別なものだった。しかし、その感覚が宿ったのは、この二度だけである。歌手のZONEの歌ならネットで買えるが、悲しいかなZONEは意識的にコントロールしては生み出せない。それがいつもできれば無敵のボクサーになれるに違いないのだが……考えてみれば、いずれも追い詰められている逆境の舞台という点で共通している。

そこに普段からの一生懸命さ、必死さがプラスされてZONEが生み出されるのは間違いないだろうが、できれば「そんな逆境はいらん」が、本音である。

「オリンピックに棲む魔物」が僕の前に現れた

オリンピックには魔物が棲《す》むと人は言う。

「そんなもん、ほんまにおったらしばいたるわ」と、小馬鹿にしていたが、準決勝の第1ラウンドが終わって、魔物が本当に現れた。

準決勝の相手は、この先の物語にちょくちょく登場する因縁のウズベキスタンのアボス・

アトエフだった。彼が三度目の優勝を狙った2011年の世界選手権では僕が3ラウンドRSC（レフェリーがダメージを考えてストップする。プロのTKOに相当）勝利をしているが、アトエフは僕への対策を考えガラッとスタイルを変えてきた。

少し距離をとってロングから左を打ち込んでくるのが定番だったアトエフが、予想に反して接近戦を仕掛けてきたのだ。彼の1、2回戦の戦いぶりをチェックする限り、そういう気配はまったくなかっただけに、その変化に面食らった。

そのほとんどのパンチを殺していたつもりだったが、実は、1発、効いたパンチがあった。「やっぱ、こいつパンチあるやん。なめてたらあかんわ」。警戒心を強めた。1ラウンドが終わった時点でオープンにされたスコアは、1－4と差をつけられていた。

魔物が現れたのは、そのインターバルのことである。

「このまま、おまえは決勝に行けない。清水と一緒の銅メダルだ」と、オリンピックの魔物が、耳元でささやいてきたのだ。

「こいつかあ。これが魔物か」

そう思った僕は、すぐに清水ののっぺりとした顔を思い浮かべた（笑）。

選手村の同室で盟友の清水聡《さとし》は、バンタム級で44年ぶりとなる銅メダルを獲得していた。

「あかん、あかん。このままなら清水と一緒の銅メダルになってしまう」

気合が入った。

「さあ、打って来いや。おまえのパンチではオレは倒れない。そのうち、オレのプレッシャーに負けていけ、崩れていけ。今は、後で攻めるために打たせているだけや」

僕は自信に満ち満ちていた。

サウスポーのアトエフは、左ストレートと右フックが武器。僕は、自分の左足を彼の右足の外、外に置いて奴の右フックを殺した。1分30秒を過ぎると、アトエフが根負けしたかのように足を使って逃げ始めた。僕のボディと左フックの1発がダメージを与えたのがわかった。打ち合いたくとも、それができなくなったのだろう。

2ラウンドは4－4。まだ3ポイントのビハインドだったが、僕は勝利を確信していた。

「こっからは負けへんぞ。あいつもバテとるし」

アトエフの抱きついてくるような苦し紛れのホールドがひどかった。プレッシャーをかけ続ければ、その反則を繰り返すだろうとも思っていた。アマチュアボクシングでは、腕を挟んだり、体を抱きかかえたりすることをホールドという反則として扱い、三度繰り返せば2点の減点。五度で反則負けになる。ワンツー、右のパンチが面白いほど当たった。残り30秒で、レフェリーがついに2点の減点を取った。逆転勝利だった。

僕は、リング上から投げキッスを連発した。あれは海外の選手がよくやるポーズだ。

決勝戦には魔物は現れなかった。48年ぶりの決勝進出だったから、オリンピックの魔物も、出てくるのを忘れていたのかもしれない(笑)。代わりに「どんだけバージョンアップしてきたんや」というくらいスピードもパワーも増したエスキバ・ファルカン(ブラジル)が目の前にいた。

ファルカンとは、前年の世界選手権の準決勝で対戦していて、二度のダウンを奪い24-11で圧倒して大差の判定で勝っていた。僕のプレッシャーに耐え切れず、後半はスタミナが切れて一方的な試合となった。

その記憶は「こいつになら勝てる。相性がいい」という自信に変わっていた。

しかし、彼は1年前のファルカンとは違っていた。

本来は足を使ってくるボクサーだが、アトエフと同じく僕の持ち味を消そうと、1ラウンドは、接近戦を挑んできた。僕を研究してきていたことがビンビンと伝わってきた。

僕も、試合前は、徹底してビデオを見て相手を研究するタイプである。

欠点から先に探す。例えばスタミナはあるのか。打たれ強いのか。僕は打たれ強い部類に入るボクサーだが、この部分は重要なチェックポイント。そして技術面での欠点。ガードは堅いか。パンチを出すときにスキはないか、クセはないか。攻撃パターンに傾向がないか。つまり、どうすれば倒すことができるかを突き詰めてチェックするのだ。

その次に見るのが、相手の武器。得意なパンチのチェックだ。何度も繰り返し映像を見ながら、長所と短所をくまなく調べていると、自然と戦略のイメージが固まってくる。

準決勝で対戦したアトエフには、サウスポースタイルから、右フックで打ち終わるというクセがあった。僕は、その最後の右フックを前に出てブロックしながら打ち返すという作戦を立てて実行した。これが効果的だった。

たいていの場合、グーグルに名前を打ち込んで検索をかけると、結構な数の動画が出てくる。また動画だと、イメージにすぎないので、実際に試合を見ることも大事だ。自分の試合の前後に、次に対戦する可能性のある選手が試合をしていたら、観客席から見るのだ。すると、さらにイメージが具体化されていく。

しかし、これは、オリンピックが終わってからの反省点だが、**準備も大事だが、その場の情報をもっと重要視して新しいイメージで戦わなければならなかった。**プロの世界チャンピオンの中には、先入観にとらわれないために、事前に対戦相手のビデオを見ない人もいると聞くが、まさに**感性の必要性を感じざるを得なかった。ぶっつけ本番での順応力、対応力である。**

ファルカンはインファイトを挑んできたが、それは、僕の距離である。右のアッパーから右フックへのダブル。あえて右を多用した。左ジャブを中心に組み立てるのがボクシングのセオリーだが、対サウスポーに関していえば、そこに左ストレートを合わされたり、右フックを被《かぶ》せてこられるので、あえて右だけで攻めた方がリスクが少ないという考えだった。内から外。そしてボディ。相手の注意を散らすことも重要だった。1ラウンドが終わると僕が5－3とリードしていた。

2ラウンドに入ると、ファルカンはいつものように足を使いスピードを生かした出入りのボクシングに戻した。1ラウンドでスタミナを温存し2、3ラウンドに勝負をかけてきたようだった。ポイントは4－5。最終ラウンドを前にして、リードはわずか1ポイントとなった。

インターバルで、日本代表チーム監督の本博国《もとひろくに》さんから「無理せんでええよ」と言われた。相手が離れて戦おうとしているのに、無理矢理に突っ込んでいたから、そこにパンチを合わされ回されポイントを奪われていた。本さんの言葉を僕は冷静に受け止めた。

3ラウンド。ファルカンは、ボディを嫌がり、何度もクリンチで逃げようとした。44秒過ぎにホールドで2ポイントの減点が入った。

減点はレフェリーの裁量に任されていて海外では厳格には取らない。日本アマチュアボクシング連盟の山根明《やまねあきら》会長の尽力で国際試合をかなり経験させてもらっていたので、その傾向に戸惑いはなかったが、準決勝の3ラウンド途中などに、あまりにもホールドを取ってくれなかったのはきつかった。決勝戦は、まだ早くフェアに取ってくれた方だろう。

しかし、この減点で、僕の心にスキが出た。「これで勝った」と思った瞬間、守りに入ってしまったのである。自分のスタイルを見失った。本来なら最後の最後まで打ちに出なければならないのに、守りに専念するかのように下がった。

残り15秒で、館内にブオーというラッパの音が響き、僕も、ファルカンも試合が終わったと勘違いして手を止めたらしい。だが、今、僕にその記憶はない。集中していたから前しか見えていなかったのかもしれない。

残り9秒だった。

伸びるような右が当たった。サウスポーに対してよく打つ右のストレート。ボディからダブルでつなげた右である。トレーニングで自分を追い込んでいなければ出ていないパンチ。**オリンピックで、一番の記憶に残っているパンチ**は、どれか？　と聞かれれば、僕は**迷うことなく、この右のストレート**を挙げる。苦しい中で生まれた思い出のパンチである。

それが勝敗を分けた。

レフェリーに手を握られ判定結果を待つ間、神様にお願いをしていた。

リングサイドの審判席にいるジュリー（審判委員）が赤、青のラケットみたいなものを上げてレフェリーに伝える。それを見たらコールする前にわかる。

一瞬、見ようかなと思ったが、小心者だから無理だった。

「神様、どうか……」

僕は、ボクシングの神様に祈っていた。試合終了と同時に両手を上げて勝利をアピールしたが、絶対に勝っているという確信はあるはずもなかった。

神頼みはしないが、縁起は担ぐ

ボクシングの神様は、きっと、どこかにいるのだろう。

しかし、何かを求めて神様に祈るのは間違っていると思っている。

僕が、好きではないシーンが、正月に行われる初詣《はつもうで》である。

何万人という人が、賽銭《さいせん》を放り込んで一斉にお願いをする。僕はそのときこう思うのだ。

「神様、しんどいぞ。みんなにお願いばっかかされて」（笑）。

きっとボクシングの神様は、普段から僕たちを見守ってくれている。初詣では、そういう神様に感謝するだけでいいのではないか。「いつも見守ってくれてありがとうございます」

と。２０１２年は、地元の常盤台《ときわだい》の小さな氏神様に初詣に行ったが、僕は「どうか金メダルを取らせてください」とは祈らなかった。「いつも見守ってくださってありがとうございます」と祈った。

神頼みはしないが、気が弱いから縁起は担ぐ。特にゴロの悪い数字が嫌いだ。

これらの数字には何の恨みもないのだが、2とか、4とか、9は最悪である。

アジア大会の1回戦で、オリンピックチャンピオンのバクシャー・アルタエフ（カザフスタン）と対戦して、自信喪失するくらいにボコボコにされたが、そのときの僕の選手番号が、「３２９」だった。シューズやスーツケースなどに番号がつけられるのだが、「３２９」と書いて「みにく（い）」。

殴られたダメージで、僕の顔は、本当に醜いものになった。

ロンドン五輪では、「２５７」だった。ラッキー7が入っている。

「縁起のいい数字やんか」と喜んでいたら、日本代表チーム監督の本博国さんが、それを見て、「トゥー（2）ファイ（5）ナ（7）ル！」と言った。

いささか強引だけど確かに「決勝へ」と読み取れる。

「本さん！　ええこと言うやん」

単細胞だから、こんなことでかなり気分がよくなる。

勝負師であるから試合が近くなると、「負ける」とか「コケる」とか、縁起の悪いネガティブな言葉はできる限り使わないようにする。周辺の人間がそういう言葉を使ったら、「ちょっと試合前なので、ネガティブな言葉を使うのはやめてくれませんか」と、注意するほど神経質になることもある。

血液型は、ＡＢ型。一見、いかにもＢ型っぽい、豪快でええかげんな自己チューの人間のようだが、そういう繊細さもあるのでなおさら厄介だ。

ちなみに僕より先に全日程を終えて銅メダルに終わった清水は「よーし！　俺は銅を取った！　おまえは、明日負けろよ」と、決勝を前にして執拗《しつよう》に言ってきた。

「回し蹴りをしたろか」と、普通なら殺意を覚えるほど許せないネガティブな発言だが、清水の独特の世界観から出た言葉だとわかっているから、不思議なことにまったく気にならず、「アホやなあ。銅は金と同じと書くけど、金とは全然違うもの。オレは金を取るから」と決意を新たにするばかりだったのである。

与えられた才能は、最大限の努力で伸ばさなければならない

海外遠征が多いから飛行機の旅の友に本は欠かせない。

お叱りがないようなので、またどうでもいいエピソードから書くが（笑）、ロンドン五輪では行きの飛行機の座席はエコノミーで、帰国便はファーストクラスだった。金メダリストへの航空会社からのご厚意ということだったらしい。

僕は、到着時に帽子を被っていたから、「あいつは何をいちびって（調子に乗って）んねん」と、不快感を持たれた方も多いと思うので説明しておくと、あれはドーピングのアンケートに答えた選手全員に記念に配られたもの。ファーストクラスで一番最初に降りた僕は、素直な性格なのであの帽子を被っている人が多くいるものだと勘違いしていたのである。

長時間の海外の飛行機では、特にアゼルバイジャンのような国を経由する飛行機は日本語などまるっきり通じず、映画とか機内の雑誌類もちんぷんかんぷん。寝ているか、本を読んでいるかしなければ時間がもたない。そこで、僕は必ず本を持ち込む。

ロンドン五輪に向かう機内には、聖書をわかりやすく説明している解説本と、練習ノートを持ち込んだ。

村田と聖書？　ちょっと違和感を覚えるかもしれないが、聖書に興味を持つようになったのは、6階級制覇のスーパースターであるマニー・パッキャオ（フィリピン）が読んでいたと知ってからである。

王者になって巨万の富を手にしたパッキャオは、絵に描いたように堕落した。朝方までパーティーなどの享楽に溺れ、ギャンブルにはまった。その乱れた生活を正すため、ジンキー夫人とともに聖書を研究する集まりに参加し、聖書の教えに従って立ち直った。

僕は無神論者で、洗礼を受けたわけでもなく、教会に行った経験もないのだが、その聖書の解説本を読むと、ボクシング人生につながるような「ええ話」がたくさん載っている。まさにバイブルである。

いくつも心に残っている話があるが、印象的だったのは、タレントの話である。英語のTalent（タレント）とは、才能と訳されるが、通貨の単位「タラント」が語源とされている。新約聖書の「マタイによる福音書・第25章」にこんな話がある。あるとき、主人が旅に出る際、「私が帰るまでに役に立てよ」と、3人の使用人に5タラント、3タラント、1タラントを預けた。数年後に帰ってみると、賢明な使用人は、5タラント、3タラントをうまく運用して増やしていたが、1タラントを預けられた凡庸な使用人は、「大事なものだから」と地中深くに埋めて保管しておいたため1タラントのままだった。主人は、「何を愚かな」と、1タラントを保管していた使用人を叱りつけてクビにした。

タラントは、まさに才能の話である。

失敗を恐れ何もしない者は、才能を発揮することはできない。与えられた才能は、最大限に努力して伸ばさねばならない。同じ努力をしても無理な人はいる。しかし、僕のように肉体や運動神経の面で人より少し大きな才能をもらった人間は、それをしっかりと使って努力しなければならないと思った。

聖書に書かれた話は、日々の練習で、決して妥協せず、101%の努力にこだわる、僕の練習スタイルへのモチベーションをまた掻《か》き立ててくれることになった。

日本人では不可能といわれた階級だが、僕が不可能といわれたわけではない

「日本人では厳しいといわれた重量級で、なぜ金メダルを取れましたか?」

ロンドン五輪の決勝戦が終わり、取材エリアに進んでいくと、日本のメディアからこんな質問を受けた。決して自惚《うぬぼ》れではなく、僕はその質問に驚いたし、腹も立った。

「2011年の世界選手権で銀メダルを取っているのに、なんでそんなことを聞くんやろ?」

48年ぶりの金メダルを首から下げて気も大きくなっていた。若干、調子に乗っていたことも確かだが、よく考えてみれば、そのときそんな風に腹が立ったということは、なかなか拭いきれなかった外国人コンプレックスが、すっかりなくなっていたということである。

今までは、そのインタビュアー同様、ミドル級でメダルを獲得するなど日本人には到底不

可能で、まして、村田諒太ごときでは、絶対に無理な話だと思っていた。

２０１１年の世界選手権のミドル級では、エントリーは67人。世界で最も選手層が厚い。アジア地域では体格的には不利な階級だが、世界に目を向ければ、体格もそうだが注目度、その後のプロ転向の可能性も含めて、こぞって素質を持ったボクサーが集結してくる階級である。

僕は、ずっと強烈な外国人コンプレックスを持っていた。

あのときの村田と、今の村田。対決すれば、今の僕が2発で倒すだろう。あのときの自分の弱いところは全部知っている。

心技体の「心」が弱かった。

世界の二流には勝てるが、一流には勝てない。そういう選手だった。

本当の自信を持っていなかったのだ。

北京五輪の予選で負けて、一度引退した理由も「海外では通用しない」と、あきらめたからである。そのあたりの心理は後の章で詳しく書くが、このバクーでの世界選手権で「日本人限界説」を吹き飛ばすターニングポイントとなる試合があった。

２回戦で対戦した世界王者、アボス・アトエフとの一戦である。

大会前はネガティブなイメージを完全に払拭できないでいた。コンピューター方式で出てくるクジ運は最悪で、僕は最も試合数が多くなる1回戦から出場せねばならなくなった。67人中6人の最悪に選ばれたのである。「なんやこれ！　絶対裏で仕組まれているわ」と、早くも責任転嫁を始める始末。1回戦はRSCで突破したが、2回戦の相手が、アトエフだった。世界選手権のミドル、ライトヘビー級で2階級制覇している優勝候補である。

関西弁で臆病者のことをビビリというが、僕は、ビビりにビビってビビり倒していた。

「倒されるやろな」

「負けるやろな」

ネガティブ君が、僕の心に居座りあぐらをかいていた。

今から考えると不思議なのだが、僕はこのとき、そんなネガティブ君に侵されている自分を、ちょっと離れて見てみることにした。

リング上で倒れた僕をリングサイドで見ている人間は、「なんだ？　あいつ」と言っているかもしれない。でも、10メートル、20メートル、50メートル、100メートルと離れて見れば、「あれは何の格闘技をやっているんやろ？」という感覚になるのではないか。

さらに試合会場の外に出て200メートル離れたところから眺めたら、そこでボクシングをやっていることに興味を持つ人が、どれくらいいるのだろう。

さらに1キロ、10キロ、100キロと離れていけば、そのリングに立っている2人など豆粒のようなものではないか。宇宙から衛星カメラで見ればミクロの世界だろう。つまるところ、宇宙目線で見れば、そんな小さなことしかしていないのに、そんな狭い世界で、ビビっている自分って何なんだろうと。

遠くから俯瞰《ふかん》で自分を見つめ直したときに、スーッと「負けたらどないしよ」「倒されたらどないしよ」という、悲壮感から解放されたのだ。

ちょうど、日本アマチュアボクシング連盟の山根明会長からも「おまえのパンチなら相手が世界チャンピオンであろうと倒れるぞ！」と、激励をもらった。日本のアマチュアボクシング界の国際外交に尽力されてきた山根会長の言葉によって、僕は自信を取り戻し、俯瞰で自分を客観視することによってメンタルもコントロールでき、「ビビってもしゃあない。もうこうなったら、やっちまえ」と開き直れたのである。

前に出てインファイトを仕掛けた。1ラウンドは同点、2ラウンドで1ポイント差、アトエフは距離をとってきた。そのスタイルのまま、僕のプレッシャーに付き合わされて疲れたのだろう。それでも距離をとろうとしたので、僕は、ボディからワンツー、左フック、ストレートの4つまでをコンビネーションでまとめてロープ際で打った。元世界王者の体が跳ね上がって3ラウンドでついにレフェリーストップ。終わった時点で6ポイント差がついていた。

すぐ調子に乗る僕は、その試合で「オレは通用する」と自信をつかみ、一気に決勝まで突き進んだのである。このときから、僕の軽くて薄いボクシングの辞書から「日本人には無理だといわれている階級」などという言葉は消え去っていたのである。

ずいぶんと前から自分の精神的な弱さは知っていた。心技体の「心」の部分が自分の最大の欠陥であることもわかっていた。しかし、それを自分で認めるまでに時間がかかったのである。

その結果の銀メダル。

決勝では、ウクライナのイェフゲン・キトロフにスタンディングダウンを取られるなどして22‐24で敗れたが、1ラウンドではリードしていた。気持ちの中では、フロックでも何でもなく、「もう一歩で優勝できる」という自信が芽生え、一気に確信へと変わった。

オリンピックの金メダルが、夢ではなくゴールとしてハッキリした目標に変わった瞬間だった。夢を夢と思っている間は夢でしかない。夢を現実として捉えないと目標にはならない。しょせん夢だと思っている限り、根拠を持った自信は生まれない。夢は目標に変えなければならないのだ。

オリンピックはずっと、遠くにある夢の世界のものだった。

48年前の東京五輪のフライ級で金メダルを獲得され、日本人としての金メダル第一号となられた桜井孝雄《たかお》さんとは、生前にお話しさせていただく機会はなかった。おそらく息子さんの大佑《だいすけ》さんの試合の応援に来られていたのだろうが、試合会場で遠目に拝見することがあるくらいだった。プロ転向後は、苦労されたようだが、ライオネル・ローズ（オーストラリア）に挑戦した世界バンタム級王座戦は、序盤にダウンを奪い、勝っていた試合だったとも聞いている。

メキシコ五輪バンタム級で、銅メダルを取った森岡栄治《えいじ》さんとも生前に面識はなく、ローマ五輪フライ級の銅メダリスト、田辺清《きよし》さんとも話をさせていただいたことはない。メダリスト3人の方は、いずれもプロに転向されたので、疎遠だったプロアマの関係もあって、残念ながら接触機会はなかった。オリンピックの金メダルは、プロの世界チャンピオン以上に価値のあるものだと思っていた。僕にとって桜井さんは、憧れの絶対的な存在だった。

初めてテレビで見たオリンピックは、1996年のアトランタ五輪だった。僕は、まだボクシングへの関心がない小学5年生。同じ奈良出身の柔道60キロ級の野村忠宏《ただひろ》さんの金メダル、期待されていた〝YAWARAちゃん〟こと谷亮子（当時は田村亮子）さんの決勝での敗退……そして、女子マラソンで銅メダルを獲得された有森裕子さんの「自分で自分を褒《ほ》めてあげたい」の名言は、記憶に鮮明だ。

続くシドニー五輪は、中学3年生。

オリンピックでのボクシングというものを強烈な印象として叩き込まれたのが、その1年後、南京都高校に入学してからである。武元先生が、シドニー五輪のボクシング競技のビデオをどこからか手に入れてきて道場で上映会をしてくれたのである。

ライトフライ級は、後にプロ転向して世界王者となるブライアン・ビロリア（アメリカ）が、2回戦で敗れ、フライ級ではタイのウィチャン・ポンリットが金メダルを獲得した。バンタム級決勝は、現在、WBA世界スーパーバンタム級王者のギレルモ・リゴンドー（キューバ）が、ロシア人に勝っている。ミドル級の決勝は、キューバのホルヘ・グティエレスと、ロシアのガイダルベク・ガイダルベコフの顔合わせで、サウスポーのキューバ人が勝ったが、負けたガイダルベコフが、4年後のアテネ五輪ではミドル級で金メダルを獲得することになる。

今でも、そのときのビデオの全試合が、まざまざと蘇《よみがえ》ってくる。武元先生が見せてくれたオリンピックのボクシングというものが、それほど僕に鮮烈な印象を与えたのだろう。

しかし、その映像を見て「将来は、オレがここに出る」という激しい決意表明は生まれなかった。僕にとってオリンピックなど雲の上も上。遥《はる》か宇宙ステーションくらいの場所にあるもので「いったい、それどこにあんねん」というくらい遠い遠い存在だった。

ボクシングとオリンピックが、僕の中でほんの少しだけ現実のものとして重なり出したのは、高校3年生のときだった。高校生ながら初出場した全日本選手権で決勝まで進み、その前日に武元先生から、こんなことを言われた。

「もし明日勝てば、アテネ五輪の予選というものもあるかもしれないからな」

まったく予想だにしていなかった話。

「そんなとこまで来てんのか」と、意外な展開に驚いたほどで、当時の僕からすれば、オリンピックは、夢にもなっていなかった。

そのアテネ五輪の開催中に僕は、全日本ジュニアの合宿に呼ばれた。

ただ一人、日本代表としてアテネ五輪に出場したのが、現WBC世界フライ級王者の五十嵐俊幸《としゆき》さんで、前半はリードしていたが、4ラウンド目に逆転されて、コロンビアの選手に1回戦で負けた。当時は、今と違い2分4ラウンド制だった。その試合のテレビ放送はされていなかったが、コーチから、合宿の朝に結果を伝えられ、「五十嵐は、4ラウンドで逆転負けした。どういうことかわかるか？　ようするにスタミナが足りないんだ」と、その日に、スタミナを鍛えるぞ！　とハードな練習をさせられたことを覚えている。

それから8年の月日が流れ、僕は、メンタル、経験、そして結果……それらがすべてつながって、夢を目標に変え、自信を持ってロンドンに乗り込んできたのだ。プレッシャーは凄《すさ》まじかったが、僕の心の中から不可能の文字は消えていた。

ボクシングは、じゃんけんのようなものである。

つまり、相性があるのだ。パーはグーに勝つけれど、チョキには負ける。1対1の個人競技だから100メートル走のタイムのような絶対的な強さの評価はない。ただ、このとき、最低限、じゃんけんができる舞台には立てるようになったと思った。むしろ、日本人離れした自分の長所がわかったのである。それは、パワーとスタミナであり、日本人離れした顔の濃さだろう（笑）。

だからこそ、あの「これまで日本人は云々《うんぬん》……」という質問は、意外も意外で、思わず「僕が不可能といわれたわけではない」という生意気な名言が、飛び出してしまったのである。

日本のために日本人が一番強いことを証明したかった

日本人の強みとは何だろう。

僕は、最後まであきらめない精神力だと考えている。特にアマチュアの世界では外国人選手の中には、疲れました、バテましたとなると、あきらめてしまう選手が少なくない。しかし、日本人は、オリンピックであろうが、小さな国際試合であろうが、必ず最後まで全力を尽くす。武士道というのだろうか。実際、外国人選手も「日本人は、なんで、あんなに頑張んねん？」と、もちろん関西弁ではないが、言っているらしい（笑）。

小学3年生だったか、家族で長野にスキーに行ったことがあった。初めてのスキー体験にもかかわらず、うまく滑れたから楽しくて仕方がなく、結局、おしっこをちびるまで滑り続けたことがあった。おそらく、トイレに行く時間も惜しかったのだろう。ギリギリまで我慢したが、ついに最後は耐えることも忘れて、スキーウエアがビショビショになって泣いた記憶がある。中学では、二度、ボクシングから逃げ出したが、いざ何かをやり始めると、あきらめないという素質は子供の頃から持っていたのかもしれなかった。

僕のボクシングスタイルは、前に出て接近戦で打ち合いを挑み、ボディでスタミナを奪いながらチャンスを窺《うかが》う我慢の消耗戦である。「あきらめない」という精神力がなければ成り立たない。僕にとっても、「最後まであきらめない」という日本人の特徴ともいえるメンタルは、世界で勝つための武器であった。

もうひとつは、フェアな精神。

これもサムライ魂だろう。

一部の外国人選手は、ダーティなことを平気で仕掛けてくる。クリンチでレフェリーがストップと言ってからも意図的に殴ってきたりする。

2005年のキングスカップで対戦したタイのスリヤー・プラーサントヒンピマーイという選手は、アテネ五輪の銅メダリストだが、顔やボディではなく肩を狙ってきた。その後、K‐1で魔裟斗《まさと》さんと試合をするムエタイのキックボクサーで、左のストレートが見切れたので外していたら、肩をがんがん殴ってくる。中学生のときに上級生にやられた「肩パン」のようなものである。執拗に肩の付け根のあたりを殴り続けられ、じわじわと痛くなって、そのうち腕が上がらなくなってきた。クリンチの際は、ボディを打つふりをして足の付け根を打ってきた。

これは、元WBA世界スーパーフライ級王者の飯田覚士《さとし》さんもおっしゃっていたが、ヨックタイ・シスオーというタイのチャンピオンは、クリンチのときに下半身が利かないようにと足の付け根を殴ってきたそうだ。

外国人選手は、プロでもアマでも、勝つためには、手段を選ばずどんなことでもやってくる。対して日本人はフェアすぎるほどフェアだ。

僕は、「ストップ！」とレフェリーが言った後では決して殴らないしルールは守る。しかし、**ルールの範疇《はんちゅう》であれば、スキを見て、殴るようにしている（笑）。「勝つためにはルール**

の範囲内なら何でもする」という意識は、少し日本人離れしているかもしれないが、クリンチ際で殴ることは、特に意識している。僕のボクシングは、インファイトで前に出て相手のスタミナを奪い、ダメージを与えるスタイルなのでクリンチ際のパンチは重要な意味を持つ。

ロンドン五輪の準々決勝のアデム・キリッチ戦でも、逆転を狙う2ラウンドから、クリンチ際でスキを見てガンガン頭を殴った。あのパンチは効くのだ。

アマチュアでは悪質なクリンチは回数を重ねると減点となる。ただ、その減点はレフェリーの裁量に任されている。抱きついてくるのは、相手がプレッシャーに耐え切れなくなってやってくる行為だから、「早く減点を取って！　あんたが知らん顔しているから、こうやって打っているんや！」というアピールの意味も込めてクリンチ際でのパンチをやめなかった。加えて「裸の男が黙って抱き合っていても気持ち悪いだけ」という思いもある（笑）。

日の丸は意識した。

日本のために日本人が一番強いことを証明したい。日の丸を高いところに掲げたい。オリンピックのリングに立つと、そういう日本人としての誇りが湧き上がってくる。

日本人は、あの悲しい東日本大震災が起きても、目立った略奪も起こさなかった。スポーツの国際試合においても相手へ激しいブーイングもしない。２００５年に中国の田舎街である綿陽で世界選手権が行われたときに地鳴りのような大ブーイングを体験したことがある。

ちょうど小泉首相（当時）の靖国参拝があった後で中国の反日感情が高まっていたので、日本人が出るだけで相手が中国の選手でなくとも激しいブーイングが飛び交い、とても試合どころではなかった。参加選手は全員すぐに負けた。

それが海外というもので、日本人は礼儀正しすぎるのかもしれないが、僕は、試合もフェアなら、応援態度もフェアな日本人であることを誇りに思う。国際試合のため海外に出ると、「日本人は何ていい民族なんだ」となおさら実感する。

日本人としての高貴な誇りこそが、日本人が世界で勝つための強みかもしれない。

人よりたった1％上回る101％の努力

僕は、運と人との出逢いに恵まれ、周囲の人に支えられ、少しの才能に加え人よりも1・2倍、1・1倍、いやたった1％上回る101％の努力をしただけのことである。そんな男が神格化されるのには、かなりの抵抗と違和感がある。ただ、練習だけはした。では、その1％の努力は、どういうものだったのか。ひとつだけ胸を張って書けることがある。
それは**妥協せずに、自分との戦いに勝利した**ことである。

日々、人間は欲望と戦っている。

飲みに行きたいなあ、遊びたいなあ、楽したいなあという煩悩との戦い、葛藤である。

僕のその戦いにおける勝率は、最近はわずかに1割程度だが（笑）、オリンピック前の勝率は10割だった。

一人で練習をするとなると、自分でメニューを決めていても気分で変える。妥協だ。しかし、オリンピック前は、その日決めて練習日誌に書いたものは、いくらしんどくても、楽をしたいという煩悩が出てきても、それに打ち勝った。

世界選手権の前は5か月間、オリンピックの前も4か月の間、酒は一滴も飲まなかった。鉄のような意志の強さがあった。

練習メニューも、人に言われたことをやるのではなく、自分で築いていくことができるようになった。後に詳しく書くが、練習ノートをつけることで反省と復習、予習ができるようになった。人に言われたことは、右から左へと抜けていくが、自分で考えたことは身になる。しかも、ノートに書くことで気づくことが多い。

ある日の僕の練習メニューは、こうだ。

午前中に東京都北区赤羽にあるナショナルトレーニングセンター（NTC）の陸上競技場で800メートルを走って、シャドーボクシングを行うというパターンを3本。11時からはパワーマックストレーニングを入れる。

パワーマックスは、僕らが、〝吐き気作成マシン〟と呼んでいる負荷のかかったペダルを漕《こ》ぐトレーニング機器。2年前にNTCの隣にある国立スポーツ科学センター（JISS）で少し体験したことがあって、2011年の4月くらいから本格的に取り組み始めたが、週に何回か導入するようになってスタミナが驚異的についた。ラウンドのインターバルや、試合途中でも、疲れの回復度が、全然違ってきた。ボクシングは、非常に落差の大きい競技である。ババババッと連打をする激しい運動の時間があれば、ディフェンスに集中して心拍数が落ち着く時間もある。インターバルランなどもあるが、なかなか、その競技性にピタリと合ったトレーニングは難しい。パワーマックスは、練習中は辛《つら》くて最悪に思えるトレーニングマシンだが、ボクシングという競技には大変適しているのかもしれない。

WBA世界スーパーフェザー級王者の内山高志さんらも使っていると聞くが、本当にヤバい機器で、あまりに苦しいので、誰かに横についてもらって「行け！　行け！　行け！」と声を掛けてもらわないとペダルを漕ぎ続けることはできない。絶対に妥協をしてしまう。

人間は弱い動物だから、どこかで力を抜いてしまう。それに打ち勝つことこそが、僕の語る101％の努力である。

ボクシングのトレーニングに興味のある人が、この本を読んでくれる読者の中に、何百万人いるかわからないが（笑）、僕の基本的なジムでの練習メニューも紹介しておこう。

練習場所は、創立125周年記念の事業として2011年春に板橋区清水町にオープンした東洋大総合スポーツセンターのアリーナ棟6階にあるボクシング部の練習場。広いリングとともにサンドバッグも各種揃《そろ》っている。総合スポーツセンターは、プールやアスリートビレッジと呼ぶ寮まで完備した最新鋭の素晴らしい施設で、JISSと、NTCの目と鼻の先の場所にあるので、その環境は最高だ。

まず軽く体操をしてからウォーミングアップを2ラウンド。肩や肘《ひじ》の可動域を広げるストレッチのような体操を入念に2ラウンド。そこから、バンテージを巻き、シャドーボクシングを3ラウンドしてから、対人の試合形式だが、軽くパンチを当てるだけのマスボクシングと呼んでいる実戦練習を6～8ラウンド行う。マスでは、「頭の位置に気をつける」「カウンター中心に打つ」というように毎回、テーマを持つ。次にサンドバッグ。普通に3ラウンド打つパターンと、途中、20秒、30秒とできるだけ速く連続でラッシュして打つパターンを入れ込むものがある。

あまり大きいサンドバッグを打つことに意味はない。打つターゲットが太いとパンチの軌道が実際の試合と変わってしまうと思っている。サンドバッグは、人間の形に近い細身のものの方がより実戦を想定しやすくなると思う。

最近、必要だと思うのが、ダブルパンチングボールという、ゴムで固定されていて打てば動くようになっている標的具を使うトレーニング。試合になると、相手も、体を揺らすダッキング、反らすウエービングというディフェンスの技術を使ってパンチを受けないように細かく動いてくるので、急所を狙っても目やおでこを打ってしまうことが多い。ピンポイントで相手の急所に当てる、当て勘を磨くには、動いているものを打つ訓練が普段から必要だ。

練習の最後はミットを持ってもらって、そこに打ち込んでいく。コンビネーションやタイミング、テンポ、パンチの打ち方などのチェック。そのミット打ちと呼ぶ練習を4ラウンド。それが終わると、もう一度、シャドーで流して終わる。

ボクシングにつきものの、ロープ（縄跳び）はあまりやらない。あれに意味があるのかどうかが理論的に疑問だからだ。おそらく、リズム感を養うのと、減量のための汗を出すことが目的だろう。それならば他のことをした方がいい。理論的な裏づけのないことはしたくない。

以上が、ざっと書いた練習メニューだが、僕は、オリンピック前、そのひとつひとつを金メダルを取るための練習と位置づけて一切、妥協をしなかった。日本アマチュアボクシング連盟の山根明会長が、練習環境を整えてくれたことも大きい。オリンピックまで試合がなく、試合感覚が鈍ることが懸念材料だったが、7月に韓国合宿を組んでいただき、そこで日韓戦を行い、試合勘を失わずにすんだ。

また、個人的に自主合宿を組みたいと希望すると、快くすぐにナショナルトレーニングセンターで練習に入れる態勢をお膳立てしていただいた。そういうサポートがあってこそ101％の努力に没頭することができたのである。

練習は裏切らない。そう信じて突き進んだ101％の努力は、小心者の僕に自信を築いてくれる。確固たる自分というものを持てないから101％の努力をするのだが、その1％は、プラスの連鎖を生み出すことになっていく。

心理カウンセラーに相談したトラウマ

僕には今もって拭いきれないトラウマがある。

すぐに人と自分を比べてしまうクセである。その一方で、他人と比べられることを嫌う。それが、ネガティブな性格になってしまった原因でもある。

三人兄弟の末っ子。いつも比べられて育った。特に塾にも通い、厳しく育てられた上の2人の兄と比べて、ほったらかしにされていた僕にはできないことが多かった。親戚に勉強のできる子がいれば、その子と比べられ「おまえも勉強せなあかんよ」とうるさく言われてしょげかえっていた記憶が残っている。それがコンプレックスとなってのしかかるのだ。自尊心のかたまりみたいな人間ゆえに、なおのこと他人と自分を比べて自分が劣っていることを嫌に思ってコンプレックスとなる。

例えばロンドン五輪では、清水が先に勝ち進んでいた。それをついつい自分と比べてしまうのである。

「なんで、人と比べる必要があんの？　自分は自分でええやん」

そう自問するが、どこかで人と比較している自分がいて、強烈な自己嫌悪に陥るのだ。しかし、ロンドン五輪期間中に、僕は、そういうトラウマを少しだけ飼いならすことができた。

ＪＯＣが、選手村から歩いて15分ほどの場所に作ってくれていたマルチサポートハウスに常駐していた心理カウンセラーに相談してみたのである。

マルチサポートハウスには、本当にお世話になった。そこで美味《おい》しい本物の日本食が食べられるので、選手村の食事に辟易《へきえき》していた僕らは重宝した。

ちなみに僕の一番のお気に入りは、うどんだった。他にも、酸素カプセルや炭酸風呂、トレーナーのマッサージのサービスまで受けることができて、リフレッシュや疲労回復、コンディショニング調整に役立って時間があれば立ち寄っていた。

ふらっと覗《のぞ》いたときに「メンタルサポートもありますよ」という話を聞いた。

ロンドンでは武元先生が夢に出てくるほどプレッシャーがあったし、ずっとスポーツのメンタルについての興味を持っていた僕は、これはいい機会だと、思い切って心理学の先生のカウンセリングを受けてみた。僕は、心の奥から拭いきれないトラウマの話を打ち明けた。

「いつも人と自分を比べている。そういう性格が嫌いなんですよ」

「何かにつけ人と自分を比べる性格だから、頑張ろうと思う。弱気かもしれないけれど、その分、あなたは練習をしたんでしょう？　そういう性格だから頑張れたのですよ」

心理カウンセラーの先生からそんなことを言われると素直な性格だから「そうか」と納得した。確かに人と自分を比べて生きてきたから、強くなれたのかもしれない。

でも、もしできることならば、こんなトラウマは取り去りたい。しかし、心理カウンセラーの先生の話では、根本的に取り去るには、何年も時間がかかるという。

「そういう性格だから強くなったと考えなさい」

心理カウンセラーの先生の言葉は励みになった。

いわば、思考の切り口を変えるわけだ。コップは上から見ると丸いが、横から見れば四角形である。

単純なアホ、人の言うことはすぐ信じる性格だから素直に先生のアドバイスを聞き入れることができた。僕は、トラウマを取り去り、性格をリニューアルすることをあきらめた。このいやーな性格と、しばらくは、ポジティブに付き合っていこうと思っている。

定説は疑うこと。そして自らの失敗から新しい定説を創り出す

スポーツ科学には様々な定説というものがあるけれど、それは結果が出たものを後から検証し理論化しただけにすぎないのではないか。僕はそういう疑問を持っている。

例えば100メートル走。筋肉のつけ方から、トレーニング方法、超スローで走行フォームを撮影してのフォームチェックまで、0・01秒を縮めるために、どんな小さな欠陥をも許さない。最もスポーツ科学が進化した競技だろう。

これまでは、アメリカのタイソン・ゲイのように、できる限り走行時に身体のブレないロスのない走り方が記録につながるといわれてきた。しかし、ウサイン・ボルトは、前後、左右に走りのブレがある。逆に、ブレがあることによって重心移動にリズムとはずみがついているらしい。ボルトはオリンピックを連覇して、これまでの定説をひっくり返した。

「この走り方は、これまであかんといってたんちゃうの？」という世界だが、細かく分析すれば、そこに理にかなった新しい理論が生まれる。

どこかで新しいものが生まれれば、それが定説となって、カリスマや先駆者とか呼ばれる

わけで、僕は、今ある基本や定説というものにとらわれすぎてはならないと考えている。

少しええ恰好《かっこう》をして書けば、ニュースタンダードは自分で創造するものなのだ。

重量級においてパワーで勝負できる日本人は僕しかいないといわれている。

実は、踏ん張る力が強いわけではなく、定説を覆すような体重や体の使い方の工夫をしているのである。接近戦になって、押し合いのような状況になったとき、通常は、両足を踏ん張って押し合う。しかし、それをやるとパンチを出す以上に下半身を中心に体力を使ってしまって疲労してスタミナをロスする。下半身の疲労は、もろに攻撃する際のパンチのスピード、パワーにも影響する。

僕は、接近戦で足をグッと踏ん張るのが面倒くさいので、押し合いになったときは踏ん張らずに、逆に前足、つまり僕の場合は左足を浮かしてしまうのだ。そうやって体重を相手に預けてしまう。すると楽に力を伝えられる。

オリンピックでも接近戦が多かったが、あのときも体重を預けていた。踏ん張ったらその場でしか力が発揮できず、しかも、重心の移動が必要となってテンポも遅れるし無駄な体力も使ってスタミナをロスしてしまう。

その体重の使い方は、他にも応用できる。通常は、相手のパンチが来たら、「避けました」「その次に打ち返しました」というテンポでのボクシングになる。前足に重心を置いて踏んばって相手の攻撃をブロックすると、打ち返そうと反撃するときに後ろに重心を戻すのでワンテンポ遅れる。そのときには世界の一流レベルの選手は、もうそこにはいない。

しかし、相手がパンチを繰り出してきたときに、後ろに重心を置いた状態から、バランスを崩されないように前足を浮かしながら前に行けば、「避けると同時に打ち返す」というワンテンポ速い攻撃が可能になるのだ。つまりガードでブロックしてから打ち返すのではなく前に出ながらブロックと同時に打ち返すわけである。ブロッキング・アタックである。

この戦法も自分流といえば自分流だ。

定説は疑うことだ。そして自らの失敗、成功体験から新しいものを創り出せばいい。それが自分に適した定説ということになる。

未来のことを過去形で書く練習ノート

練習日誌をつけていた。

専属の指導者もなく一人で仕事と両立させながらトレーニングをしていた僕は、工夫や研究、理論化ということを常に考えていた。そういう工夫を強く意識するようになってから練習ノートをつけるようになった。おそらく2011年6月のアジア選手権の前後くらいだっただろうか。それまでは、携帯電話に気になることをメモ機能を使って残していたが、字に書いて残すことが、さらなる工夫を生み出すための最高のコーチになることに気がついて、真剣にA４判の大学ノートに汚い字で書き込むようになった。

日誌をつけているから、自分の調子がいいときは、どんな練習をしたか、どんなウォーミングアップをしていたのかを客観的に知ることができる。やるべき目標がハッキリする。一人でトレーニングをしていた僕にとっては積み重ねた練習ノートは、大切な方向性を示してくれるバイブル的な存在となった。

改めてぱらぱらとめくってみると、こんなことを書いていた。

「オリンピック向けのプラスアルファを取得せよ！」

「マスボクシングは６ラウンド、その後は、どんだけやったか忘れた。今日は、パワーマックスができなかったので、明日だ。きつう」

「日本タイトル、近藤の試合を見にいく。消極的だった。１‐２で判定負け。明日は城北公園５周、サーキットを10本、初動付加トレーニングをしよう」

「鎖骨を使うパンチ（肩を入れ込んだパンチ）がよかった」

簡単なイラストを使って腰や重心の位置の感覚を忘れないように書き留めてある頁《ページ》もある。

一度、顎《あご》の下をカットしたことがあった。力んで打ちに行き、ガードを上げてアッパーをもらった。そんなときは、「もっとスピードを上げて頭をふった方がいい」と日誌に書く。

僕の〝いい状態〟というのは、肩回り、肩甲骨をウォーミングアップの段階から十分に動かしていて、適度な睡眠時間に加え、笑顔が絶えない状態のときだ。

僕の平均睡眠時間は6時間から7時間。8時間は寝ないようにしている。8時間以上寝るとどうも睡眠のリズムがよくない。よく知られている話だが、眠りにはレム睡眠とノンレム睡眠があるから、寝すぎるとリズムがずれて、頭と体が働かなくなる。

だから僕は7時間に設定している。ロンドン五輪期間中もそうだったが、アマチュアは長期間にわたってトーナメント戦が続くので、心身の疲労を回復させる意味で、必ず昼寝をする。この昼寝も長すぎては逆に疲れが残り体調に違和感が出る。僕の場合は30分から1時間。この時間を守ることも、コンディションを保つ秘訣《ひけつ》である。

その練習ノートには、初めは、一頁に2日から3日分くらいの反省点だけを書いていたが、オリンピックの2か月くらい前になってから少し手法を変えた。

その日の練習の反省ではなく、その日の目標や、テーマを先に未来日記仕立てに書くようになった。「今日は朝、何時に起きました」「ロードワークは何本しました」と、未来日記のイメージであえて過去形で先に列挙しておいてから練習や試合に向かうのだ。

潜在意識に植えつけられるのかもしれないが、そうやって過去形で未来を書いたものは、現実にできるものなのだ。つまり妥協をしない。この手法は、セルフ・コンディショニングといわれるもので、自分で自分の心理面をコントロールするのが、狙いだった。ようするにメンタルが弱いから、こんなことをしていたわけである。

そして日記の最後の1行には必ず「金メダルを取りました。ありがとうございました！」「金メダル間違いなし！　ありがとうございました」というフレーズを書くようにした。

嫁さんの佳子が、冷蔵庫に貼っていた未来日記の文言である。

嫁さんが「オリンピックで金メダルを取りました。ありがとうございました。家を買いました」とマジックで書いて自宅の冷蔵庫に貼った未来日記が、テレビで紹介されて有名になった。あれは確か2010年頃だった。まだ海外の優勝もゼロ。せいぜいアジアでの銅メダルが精一杯。とても金メダルなど考えられない状況だったのに、なぜか突然、冷蔵庫に貼りつけてあった。僕のネガティブな性格を何とかポジティブに変えようと、彼女の母が、どこかの本で見てきたことを素直に信じて実践したのである。

僕は、その頃、仕事とボクシングの両立に苦しんでいて「何プレッシャーをかけてんねん。しんどいわあ。無理、無理。だってアルタエフ強かったもん」と思っていた。しかし、ずっと、それは貼られたまま。しかも嫁さんの言動がすべてポジティブだから、不思議なもので、そのうち「ほんまに金メダルが欲しい」と洗脳されてくる。

練習ノート自体を、そういう未来日記の形態に変えたのには、嫁さんの影響が少なからずあったが、実のところ、この手法をひねり出したのには、ヒントとなる本があった。『今すぐ使えるメンタルトレーニング 選手用』（高妻容一著／ベースボール・マガジン社）というスポーツ心理学の本である。

スポーツとメンタルは切っても切れない関係にある。

どうすれば、プレッシャーに弱いメンタルを強くして、モチベーションを高めることができるか。僕は、その答えをずっと探していた。その本には、第一に「目的、目標をハッキリとさせておかねばならない」というようなことが書かれていた。

やる気を高める実践プログラムとしては、様々なアプローチ手法が書かれていた。疑うこともなく僕は、2つのことを実際にノートに書き出して実行してみた。

ひとつは、**目標設定表の作成**である。僕は、定規を使わずにノートに罫線《けいせん》を引っ張って表を作った。人生の目標とスポーツの目標に分けて、上から夢のような目標、最低限の目標、50年後の目標、30年後の目標、10年後、5年後、3年後、2年後、1年後……今年中、半年後、今月中、今週中、今日中、今の目標を順番に書き連ねていくのである。

夢から逆算して今何が必要かということを書き出していく行為は確実にモチベーションを高めることにつながるという。僕は夢のような目標には「プロになってラスベガスで試合をする」と書いていた。この頃、プロという選択肢が、心の片隅にあったのだろう。

そして、最低限の目標と、今年の目標の2か所には、「メダル」と書いた。その本では、実際に書いてみて、後で、「これは違うと思うならば、赤ペンで修正しよう！」ということも指摘されていた。僕は、当初は、「メダル」としか書いていなかったものを、オリンピック4か月半くらい前になって、その表の横に赤いペンで「金メダル」と書き直した。

そこから逆算して、金メダルを獲得するためには、何をどうすればいいか、どうすれば昨日より強くなれるのかを考える。その実現のためには、**今日やるべき目標をハッキリさせないと、モチベーションを保てない**。この本で心理学を勉強してから練習ノートの大切さを知ったのである。

ちなみに50年後の目標には、「幸せな老後」、10年後の目標には「指導者」と書いている。

僕は「※未来日記」と印をつけた後に、ずっとロンドン五輪での未来予想をこと細かく書いていた。抽選日からミドル級の決勝まで、だいたいのスケジュールは事前にわかっていたので、それに沿って書いていた。

メダルの行方に大きな影響を与える組み合わせ抽選の日には、「今日はクジ引きの日。最高の組み合わせ。決勝まではすんなり行けそうだ。でも油断してはならない」とある。

自分に都合のいいことばかりを書いた。

試合についてもノートに書きつづった。

「1回戦はパスされてシード。2回戦はアフリカ系の選手になった」

勝手な未来日記だったが、本当にアルジェリアの選手と当たった。

「初日に勝った。RSC。明日以降はもっとよくなる」

「準々決勝に勝ってメダル確定。接戦になったが、判定では勝ったと思った。あと2つ。負けて終わりたくない」

準々決勝のアデム・キリッチ戦は、大接戦の逆転劇だったから、自分で書いた未来日記の的中率は怖いくらいだ。

決勝については、こう書いていた。

「決勝戦。判定で勝った。最後まで試合をあきらめなかった。念願の金メダルを取った。これも周りの人たちのサポートと、家族のおかげだ。感謝の気持ちを忘れずにいたいと思う。佳子！　佳子のおかげです。いつもありがとう！」

僕は、その日記の最後の頁に嫁さんや日本アマチュアボクシング連盟の山根明会長を始めとするバックアップをしてくれた周囲の人たちへの感謝の気持ちを書いていた。

そして、その決勝の日のことは、そこから先がもうないことを暗示しているかのようにノートの一番最後の頁に書いていた。未来練習ノートは、今、現在、ロンドン五輪を最後に閉じたままである。
そろそろ次のページを書かなあかんのかな（笑）。

第2章　ルーツ

喧嘩と反抗の時間を重ねた、中学時代

僕は中学3年生まで髙本《たかもと》諒太という名前だった。

きっと奈良の伏見中学校時代の知人たちは、テレビで僕を見て、「こいつ確か髙本だったよなあ？　なんで村田やねん」と思ったに違いない。オリンピックで金メダルを獲得してから、知らない人からのフェイスブックへの友達申請が急激に増えたが、中学時代の知人の中には、「村田（髙本）君へ」として送ってくる人もいる。

小6のとき両親が離婚した。

家庭環境が崩壊していて、スポーツなど、まじめなことに一生懸命になれなかった。

親父は、諒に「知る」「助ける」「思いやる」という意味があることから、「人の気持ちがわかる子に」という思いを込めて諒太と命名してくれたそうだが、僕は少々ひねくれたまま、現在に至る（笑）。そのときは、積み木が崩れた家庭が辛くて嫌でたまらなかったが、それがあったから反骨心みたいなものが形成されたのかもしれない。少し長くなるが、その頃の話を書いてみようと思う。

小学校4、5、6年と、記憶の中では、毎晩のように夫婦喧嘩を聞いていたような気がす

る。両親の教育方針が違いすぎた。それが原因で何かにつけて喧嘩になる。ひとつ屋根の下で喧嘩が繰り返され、子供ながらに気分は思い切りブルー。

さらに奇妙というか、僕の心を乱したのは、離婚した後も、「諒太が中学を卒業するまでは見とかなあかんやろう」と、3年間はそのまま暮らすことになったこと。離婚したのだから、どちらかが家を出ていってくれていれば、喧嘩もなかったのに、逆にうっとうしいことばかりが続くことになる。中1のときには大喧嘩したあげく、「家を出るぞ！」と真夜中に車で、オヤジの実家のある岡山の笠岡市まで連れていかれて、そこで何日かを過ごしたこともあった。暗鬱《あんうつ》とした辛い日々は、終わらなかった。

僕が高校に入ってから三兄弟は、母方の姓である村田を名乗るようになるが、両親はそれからもずっと、そして今なお、一緒に暮らしている。

「なんやねん、それ」と笑うしかないが、離婚した理由が本当によくわからない。

村田に姓が変わってボクシングが強くなったから、ひょっとすると画数的にはよくなったのかもしれないが（笑）、勝手に名前を変えられたことにも無性に腹が立った。

ある日は、オヤジのことが嫌いだった、ある日は、おかんのことが嫌いだった。

オヤジは、介護や養護・福祉関係の地方公務員。おかんは小学校の先生。両親が公務員というめちゃくちゃ堅い一家である。経済面では恵まれていた。貧乏はしていない。小遣いも必要なときにちょうだいと言えば与えられた。そういう意味でのハングリーさはなかった。

元々僕は奈良の生まれで、バブル崩壊の1年前に、大きな家を奈良の菖蒲池《あやめいけ》に買った。当時は高額だったらしい。だが、1年後には半額くらいに下落していた。オヤジは「だからまだ家を買うなと言っていたやろ」と後付け論で経済の先を読んでいたふりをしていた（笑）が、それがまた夫婦喧嘩の火種となる。そういうグズグズの家庭環境だから、僕の気持ちはどんどんすさんでいく。とてもスポーツどころではない。

しかし、運動神経はよかった。マラソン大会は小6で一番、中学でも一番。

伏見中学では陸上部に入った。県大会まで行ったこともあるが、面白くなかった。専門は1500メートル。中学1年で5分20秒くらいしか出せなかったが、奈良市の大会では4位くらい。ぼちぼちの能力はあったが、走ることは第一しんどい（笑）。興味を持てず、そのうち練習に行かなくなった。スポーツに集中しないから、エネルギーがあり余って、いらんことばっかりする。

僕は中学時代、反抗の時間を重ねた。

喧嘩もした。

ただ、群れるのが嫌いだった。

ワルのグループを見ていると、一人のリーダーがいて、そう強くもないのに、たまたまそいつの兄貴が怖いので周囲が気を遣っていたりする。虎の威を借りて偉そうにしているのだ。

「一人では何もできないくせに」。僕は、そういうワルが大嫌いだった。

だからチームになって喧嘩をしたことはなかった。それだけは、当時からアホなりに守っていた小さなプライドである。

ボクシングを始めるきっかけとなった、先生のひと言

あの日、僕は髪の毛を金色に染めた。

オリンピック後、いろんなメディアに取り上げられた話だが、ボクシングを始めるきっかけを語るなら、この金髪事件だろう。

中1の夏くらいから茶髪にしていたが、中1の終わりにはそれがエスカレートして、真キンキンにした。頭髪の金メダルである（笑）。奈良の「ベターライフ」というホームセンターで、ハイブリーチを買って風呂場で自分で染めた。

今、なぜそんなことをしたのかなと、考えるけれど、間違いなく喧嘩ばかりしていた両親への反抗心があったと思う。

僕は視聴覚室に連れ込まれ、担任の北出《きたで》忠徳《ただのり》先生ら3人の先生に囲まれた。

「髙本！　髪の毛を染め直せ！」

「なんで染め直さなあかんねん」

「学校のルールや。社会もそう。ルールは守らなあかんやろ」

その場で、押さえつけられるようにして、先生たちが用意していた黒い染料で髪の毛を強制的に染め直された。

きっと僕は、とても反抗的な目をしていたのだろう。

「悔しいか？　先生もルールを破られて悔しいんや」

そのときは「あんたらの作ったルールなんか関係あらへんわ」と、ろくでもない反抗心を持っていて、先生の言葉を素直に聞くこともできなかった。

北出先生は「おまえ、なんかやりたいことはないんか」と聞いてきた。

そのとき、ボクシングに少し興味があった。テレビで、WBC世界バンタム級王者だった辰吉丈一郎さんの試合をチラッと見ていたし、ボクシングは1対1の勝負。団体競技や群れることは大嫌いだったが、ボクシングで勝てば一番強いことを証明できる。アホみたいな不良グループと喧嘩したところで誰も認めてくれない。自分が、そういう上級生の不良たちよりも、「一番強いんだ」ということを見せつける自己表現には、もってこいのスポーツである。突っ張っていたから、強くなりたいという気持ちは人一倍強い。何も、考え尽くして答えたわけではなかったが、「ボクシングやったら、やるわ」と偉そうに答えた。

北出先生は、僕が具体的な答えを出したことが嬉しかったようで、念を押すように言った。

「ほんまやな？　ボクシングやったらやるんやな？　当たってみたるわ」

後から伝え聞くところによれば、北出先生は、僕が持て余していたエネルギーを何か熱中できるものに向けなければ、とんでもない道へ進んでしまうかもしれないという危惧を持たれていたという。

僕は、人生の節目節目で、本当にいい人、いい先生との出逢いに恵まれている。

北出先生は、奈良工業高校（現・奈良朱雀《すざく》高）のボクシング部に話を通してくれて、髪の毛を染め直された週末に、いきなり奈良工に連れていってもらうことになったのである。

奈良工のボクシング部は名門である。監督の高見《たかみ》公明《ひろあき》先生は、ロサンゼルス五輪の代表選手で、指導者としてアトランタ、シドニー五輪代表の辻本和正《かずまさ》選手らを育てられた。当時のボクシング部の3年生には、後にＷＢＡ世界スーパーフライ級王者となる名城《なしろ》信男《のぶお》さんもいた。ボクシング部の道場はとても狭く、練習は、グローブをはめて実戦的なことをするのではなく、ただ無茶苦茶走るだけである（笑）。

特別扱いはされず、僕も高校生同様グラウンドで、５００メートル×５本とか、８００メートル×2本とかの苦しいメニューを課せられた。中学の陸上部もまともに続かなかった僕が、ついていけるはずがない。ちょうど、その頃は春休みだったが、僕は2週間くらいで「なんでボクシングさせてくれへんねん。もうしんどいわあ」と、奈良工の練習へ行くのをやめてしまった。

僕のボクシング人生を、ここからカウントするならば、最初の挫折と引退である。

それに比べて、キャプテンだった名城さんは、学校の練習が終わると、自転車で30分くらいかかるスポーツジムに通って一人で筋トレをしていた。

「この人、ただもんやない。あれだけ走った後に、まだ自分で練習するんかい」と信じられなかった。僕は走るだけの練習ですらたった2週間でケツを割ったのに、である。

名城さんは、その後、近大を経てプロに転向。当時の最速タイ記録となる8戦目で世界チャンピオンになった。「やっぱり世界チャンピオンになる人はちゃうわ」と思ったものである。

暴発しそうな自分。そして、ボクシングからの二度目の逃亡

どこに向かえばいいのかが、わからなくなることがあった。

恰好よく書けば青春の暴走。普通に書けば単なるアホな不良予備軍（笑）。

たった2週間でケツを割ってボクシングをやめた根性のない僕の中には、触ればすぐに暴発しそうなほどの危ないエネルギーが溜まり始めた。

ボクシングがなくなって、やることがないから、陸上部の練習にちょっかいを出しに行ったときのこと。友達が投げたスリッパが、ブーメランみたいにクルクルクルッと、猛回転して、近くにいた凶悪なヤンキーに当たってしまった。それが、また胸にうまく的中したのである。

そいつは「こらあ！」と大声を上げて逆上。スリッパを投げた人間を追いかけ回した。友達は陸上部の部室に逃げ込んだが、そこでつかまって乱闘に発展した。僕は、つかみ合いになっている2人の間に割って入った。

「ハイハイ、レフェリーストップ！　レフェリーストップ！」

そこで僕が悪ふざけしたことで、ヤンキーの怒りの矛先はこちらに向かった。

「おまえは、何なんや！」と、胸ぐらをつかまれ、こづかれ始めた。

僕は余裕を持って「ほんまに、やばなったら、助けてなあ」と、友達に笑って言っていた。

だが、そのヤンキーのこづき方がだんだんとヒートアップしてきたので、僕の方も凶暴モードに切り替わった。

ガツンと一発、顎に肘打ちをかました。

ヤンキーは、スローモーションを見ているかのように横に倒れた。

ボクシングをやめて、溜まっていたエネルギーが暴発してしまったのである。

その肘打ち事件があってから、僕自身、「もう1回ちゃんとボクシングをやりたい」という気持ちが強くなった。暴発しそうな何かを抑えきれなくなったのかもしれない。

中2の夏休みに入ると、「もう1回練習に行きたいんです」と、奈良工業高校ボクシング部の高見先生に直接、お願いをした。

僕は、懲りずにまた頭髪を金髪に戻していた。しかも、アロハに、白いダブパン。ヤンキー丸出しの恰好で学校に行くと、高見先生に怒鳴りつけられた。

「おまえはアホか！　すぐに髪の毛を染め直してこい！　来たいならそれからや！」

僕は、すぐに髪の毛を染め直して、それから2か月間、再びボクシング部に通うことになる。前回はほとんど走るだけだったが、今回は最初の2週間で、ボクシングの基礎中の基礎といえるものを教えてもらった。

まずは、構え方。

高見先生は、「半身で、腕を下から赤ちゃんを抱えるように構えろ」と教えてくれた。

中2の夏休みの最後には念願のグローブをつけさせてくれた。

しばらくすると、マスボクシングを、ヘッドギアをつけてやらせてもらえることにもなった。

相手は、入学してまだ5か月くらいしか経過していない高校1年生。

当時、奈良工業高校のボクシング部の1年生は4人しかいなかったが、すでに、その4人の中でヒエラルキーができていて、一番弱い人が僕の相手を務めてくれることになった。普段、他の3人にやられているその人にすれば、日頃のウサを晴らして勝ち組に回るには、絶好のターゲットだったのだろう。

マスボクシングのはずが、本気モードのスパーリングになって僕はボコボコにされた。

「中学生相手に、高校生が大人げない。なんちゅうことしてくれてんねんや」

そう文句を言いながら、ほぼ、一方的にやられていたけれど、たまたま、素人の喧嘩みたいに、ブンと振り回していた僕の右のパンチが当たった。その人が恰好をつけて避《よ》けようとしたタイミングに重なったのだ。彼は腰を落としてダウンした。

高見先生は、大きな声で「ダウン！」と言ってくれた。

その先輩は、今でも「そんなことあったたんかいな」とシラを切るのだが（笑）、ボクシング人生で初めてダウンを奪った。何とも表現のしようのない快感だった。

初めてのスパーリングは、その1発を除けばただ殴られ続けただけだったが、本当に楽しかった。殴られているのに、怖いとか、痛いとかの感情はなく、ボクシングが面白くて仕方なかったのである。

その2か月間のボクシング体験で、僕は、「強くなった。体力がついた」という実感があった。連日の走り込みで足も速くなっていた。

夏休みが終わって中学に戻ると、「体力がついてどれだけ速くなったかを見せつけてやろう」という自己顕示欲が、頭をもたげた。つっかえ棒が必要なくらいに胸を張って、かつて所属していた陸上部に遊びに行ったのである。

三段跳びをやることになった。最初のホップで、踏み切りの目測を誤った。たいして跳べないくせにかなり手前で踏み切ったため、「ホップ、ステップ、ジャンプ」のジャンプの着地で、砂場に届かなかった。そのため、右の足首をグキッと痛めた。靭帯《じんたい》を痛めて歩くこともできなくなったのだ。マンガみたいな話だが、ほんまのアホである。

足が痛いからボクシング部の練習には行けない。

「これじゃあ、高見先生に怒られるなあ」と、連絡もしないまま休んだ。ずっと休んだ。そのうち、どんどん気まずくなって、足が治っても二度と練習に行かなくなった。

今考えても素晴らしいヘタレ。二度目のボクシングからの逃亡である。

考えられないほどヘタレな自分が、行き着いた先

今の僕はブレている。

オリンピックが終わった直後に出場した国体の近畿ブロックの大会で一度は引退を口にしたが、すぐに、またそれを撤回した。これまでは、オリンピックの金メダルだけを見ていて何ひとつブレてはいなかったが、金メダルを獲得したことで選択肢が広がった。プロもそう。海外留学……芸能事務所やエージェントからの問い合わせなどいろんな話が出てきた。

シンプルで感化されやすい性格だから、そういうものにいちいち影響されてしまうのである。

協栄ジムの金平《かねひら》桂一郎会長の「1億円発言」ではないが、甘い誘いもある。

芸能人になろうなどとは到底思っていないから、どうでもいいような話もあるが、意志が弱い人間ゆえにいろいろと考えてしまう。自分が今いったい何をしたいのかを見つけられないでいる。目標を達成してしまった人間とはこうなってしまうのか。「そんなにブレるか」というくらいに進路に思い悩んでいるが、ひとつだけ、ブレない信念はある。

第一志望ではないものにかけても成功しないという考え方だ。

自分が、第一優先でやりたいことは何か？

自分の気持ちに素直に従うことである。

自分自身に心の満足があるかどうか。本当の幸せとは、俗的なエゴイズムに左右されるものではなく、心の満足である。心が満たされないものに101％の努力をしても成功はしない。

その問いかけを最初にしたのが、今から10年以上前、中学2年の秋のことだった。

足首を痛めたことが原因で、奈良工のボクシング部に行かなくなった、ちょうど、その秋だった。2人の兄貴も何かおかしくなった。一番上の兄貴（誠徳《あきのり》）は4つ上、次兄（浩平）が2つ上。一番上の兄貴も、崩壊している家にいるのが嫌だったのか、そのうちバンド活動を始めて家に帰ってこなくなっていた。

ある日、その兄貴が、両親と大喧嘩して、売り言葉に買い言葉。

「出ていけ！」と言われて、本当に家を出て、高校も退学してしまった。

「あと4か月で卒業やねんから我慢せえや」とも思ったが、家から兄が一人いなくなって、子供ながらに、ふとこんなことを考えた。

「おれは、この先どうしようか。なんかせなあかん。今まで生きてきて、一番面白かったのは、なんやったんやろう」

まだ14歳の生意気なガキが、「今まで生きてきて」もクソもないが、そこでピカッと思い浮かんだことが、ボクシングだった。辰吉丈一郎さんの大阪ドームの試合も見に行っていた。畑山隆則さんもちょうど世界チャンピオンになった頃だった。感受性の強い少年は、殴られても面白くて仕方のなかったボクシングに辿《たど》り着いた。

そもそも団体競技に興味が持てなかった。

小学生の頃、よく授業や遊びでサッカーをやったが、ちょっと太った体の大きい奴が、キーパーをやらされて、点を失うと、「おまえ！　何やってんねん！」とキーパーだけが罵声を浴びせられ、その責任を一身に負わされる。僕はそのシーンが大嫌いだった。キーパーを責める前に、それまでにボールをとられた選手もいるだろう。シュートミスをした選手もいるだろう。責任は、全員にあるはずなのだ。

人が集まると、そこに集団心理が働くのはわかる。責任を回避するため、集団の中に誰か一人だけ悪者を作りたがる。それはきっと職場などでもそうだろう。誰かをスケープゴートにすれば、失敗したときの責任を負わなくて済む。でも、僕はそういうのが大嫌いなのだ。もちろんサッカーは素晴らしいスポーツで、それは僕が子供の頃に感じた偏見かもしれないが、究極の個人競技であるボクシングは違う。

勝っても負けても自分の責任。そこにいる2人だけが注目されるリングで勝ち負けが決まる。「一番面白かったことはなんやったんやろう」と、自分が、第一優先にやりたいことを考えたとき、行き着いたのがボクシングだった。

それでも、すでに二度、ボクシングをやめている。さすがに奈良工業高校の高見先生に三度はお願いできない。それくらいの根性があれば、二度もやめていないだろう。やりたいのはボクシングだけど、それを再び手にする術《すべ》がない。

困り果てて、僕はオヤジに相談した。

「もう1回ボクシングやりたいんやけど、どうしたらええんやろう？」

次の日、オヤジはボクシングの専門誌『ボクシングマガジン』を買ってきてくれた。本の後ろの方に全国のジムの広告が掲載されている。奈良から通えるジムは「どっかないやろか」と、オヤジと2人で夢中になって探した。そこで目をつけたのが、大阪の寺田町にある進光《しんこう》ジムだった。僕は中学3年になると、4月1日からそのジムへ通った。

近鉄の菖蒲池駅から電車に乗って、鶴橋で大阪環状線に乗り換えて、ふた駅。1時間はからない。今でも覚えているが、近鉄の運賃が430円で、環状線の運賃が120円。回数券を買うと、10回分の値段で11枚あって1回得をする。行きは電車で、帰りは大阪で仕事をしていたオヤジが、車に乗っけて連れて帰ってくれた。

その進光ジムのマネージャーとトレーナーが、中学3年生の僕に本当によくしてくれた。

「君は、凄いなあ！　ひょっとしたら、ひょっとする。チャンピオンになるかもしれんぞ」と、ヘタレの僕をその気にさせてくれたのだ。

一生懸命やれば、一生懸命な人が、まるでリングのようにつながる

中学3年生の僕を進光ジムで一生懸命に教えてくれた桑田弘《くわたひろし》さんは、元日本ジュニアウェルター（現・スーパーライト）級のチャンピオンで、10回連続防衛をして当時の日本タイトルの連続防衛記録を作った人だ。この桑田さんが南京都高校ボクシング部のOBで、「おまえ、ボクシングを高校でやる気があるなら南京都を紹介するぞ！　行けへんか？」と誘っていただいた。

運命的な人との出逢いである。

自分が一番やりたいものは何かと、自問自答したことがきっかけとなって、僕はボクシングと出逢えた。一番好きなこと、やりたいこと。ボクシングの世界には、それをまた好きな人、極めようとしている人がいて価値観を共有できる。そこには素晴らしい人との出逢いが待っている。不思議なことだが、一生懸命やれば、一生懸命な人が、まるでリング（輪）のようにつながっていく。運命のリングである。

リングをボクシングのリングにも重ねて……うん、うまいこと書いた（笑）。

人との出逢いをひきつけるのは、三男坊の僕独特の、人に甘える性格も幸いしたかもしれない。僕は、その桑田さんに導かれるように、人生を変える恩師との出逢いが待ち受けている、南京都高校の門をくぐることになった。

進光ジムに通って、数か月が経過した頃だっただろうか。ジムの先輩で、後に日本とOPBF東洋太平洋のミドル級チャンピオンとなる鈴木哲也さんがスパーリングを行うということもあって、桑田さんに連れられて南京都高校のボクシング部を訪れた。

僕は〝ついで感〟が強かったが、進学のための学校見学も兼ねていたので、中学3年のクラス担任だった北出先生も一緒について来てくれた。

そのとき僕は、南京都高校の2年生とスパーをやらされた。

また一方的にボコボコにされた。だが途中、1発だけ効かせたパンチがあった。それを見たボクシング部監督の武元前川先生が、大きな声で「試験で0点取らない限り、うちに入れてやるよ！」と言ってくれた。もちろん冗談だとわかっていても、子供ながらに「この先生いいなあ」と好感を抱いた。

それが、武元先生との最初の出逢いだった。

当時コーチだった西井一《にしいはじむ》先生は、一緒に来てくれていた北出先生に「髙本君の中学の成績はどうですか」と聞いた。すると、北出先生はボクシングにひっかけて「いやあ、ワンツーですわ」と答えた。

「何！　うまいこと言うてんねん」と、僕は胸の内で突っ込んだが、授業に出ていないから、得意のはずの体育の成績も低くて5段階評価の通信簿は本当に「1」と「2」だけだった。

今は南京都高も、学力が上がっていていい高校になっている。2013年からは京都廣学《こうがく》館《かん》高校に校名も変わる。南京都を音読みして、ある人たちからは敬意を、ある人たちからは侮蔑の意味も込めて「なんきん」と略して呼ばれた母校の名前が消えるのは、寂しくて仕方がないことだが、それも、ひとつの時代の流れなのかもしれない。

僕は、武元先生からは冗談で、「試験で0点さえ取らんかったら入れたる」と言ってもらったが、「0点を取る可能性は高いなあ」と、不安で不安でしょうがなかった。

中学3年になって、学校にはほとんど行っていない。ボクシングをしたいなら不義理をした奈良工業高校という選択肢もあるだろうが、学力的にとても無理だった。

「落ちたらどないしょ」と、心配性の看板を背負って歩いているような顔をして試験会場に向かったのである。僕の頃は、スポーツクラスの受験科目は2つしかなかった。

ドキドキしながらテスト用紙を開いた。僕は、その答案用紙を見た瞬間に「あっ」と思った。解答はすべてマークシートの四択方式だった。

「4分の1でしょう？　これ0点取る方が逆に難しいんとちゃうの？」

不安は一気に吹き飛び合格を確信したのである（笑）。

もちろんこれは当時の話で学力の上がった現在では入学は難しかっただろうが、僕はインターハイでの団体優勝実績もある全国でも有数のボクシング強豪校、なんきん（南京都高校）に入学することになった。

ボクシングには人を更生させる力がある

ボクシングには人を更生させる力がある。

ボクシングほど、やり始めると無我夢中になれる競技はないだろう。お酒やタバコと一緒。中毒性が他のスポーツより強いと思う。それは、生きるために拳で殴って目の前の敵を倒す、という原始時代の先祖からDNAに植えつけられた動物的本能に近い競技性を持っているからではないか。その本能が刺激され、はまってしまうのだと思う。

だから、ボクシングをやり始めると、横を向いている暇がない。元ヘビー級の統一世界王者、マイク・タイソン（アメリカ）は、刑務所の中でボクシングを学び一直線に進んだ。彼の場合、凶暴すぎて試合で耳を嚙むとか婦女暴行で刑務所に舞い戻るなど更生したとはいえなかったが、マンガ『あしたのジョー』の主人公、矢吹丈も少年院で丹下段平にボクシングを習う。

僕もボクシングがなかったら何もやることがなくて横道に外れていたのかもしれない。

中学3年のとき僕は学校に行っていなかった。

正確には、学校には行くが授業には出なかったのである。

両親は働いていたので、僕より先に家を出る。

おかんに「はよ！　学校行きや」と怒られるが、「はいはい」と、返事よく一応学校へ行くような恰好だけはしておいて、2人が家を出ていくとまたふとんに入った。ボクシングでいうフェイントだ（笑）。昼くらいに起きると、昼休み中の学校に行って、まず下駄箱の前で、サッカーテニスをやって、次に悪友と覚えたてのテーブルゲーム……。

無茶苦茶な中学3年生である。

それでも夕方になれば遊びを切り上げて進光ジムに通った。

家には、ちょくちょく学校から電話があった。1年、3年と担任だった北出先生は、そんな僕を見捨てなかった。「授業に出ろよ」と言われるから、ごくたまに授業に出たが、ずっとサボっているから授業はわからないし、他のクラスメイトとの関係も何とも気まずい。

未《いま》だに僕は、その気まずい空気を引きずっているのだが、そんな僕に中学時代の友達からフェイスブックの申請が来るのだ。つくづくオリンピックは凄いと思う。

両親も僕が授業に出ていないことは知ってはいただろう。それでも、やいのやいの言われなかったのは、あきらめがあったのかもしれないが、両親は、たとえ授業をサボっていてもボクシングという一生懸命打ち込むものが見つかったことが嬉しかったようだ。

義務教育なので卒業はできたが、今、振り返ってみて、中学はちゃんと通った方がよかったと心底思う。もっと知識も得ただろうし友達も増えただろう。学校というひとつの社会に溶け込まないということは、やはり世界を狭める。もっと人間的な幅ができたかもしれない。

その反動があって南京都高校時代はほぼ皆勤だった。高校は面白かった。中学時代も、つっぱらずにちゃんと行っていれば、実は面白かったのではないかと思った。いずれにしろボクシングの更生する力によって、僕はギリギリで横道に逸《そ》れなかった。

人生で一番痛かったパンチ

殴られると痛い。試合中はアドレナリンが出ているので、多少は我慢できるが、「ほんま、やめてくれや」と叫びたいほどである。

しかも、ミドル級だからダメージは大きい。本人は打たれているという意識はなかったが、オリンピックの決勝後の顔はかなり腫れていたし、ところどころ赤くなったりしていた。パンチは、もらいながらも相殺したり、頭を動かしたりして致命的なヒットポイントは外している。それでも効かされる。さすがに記憶が飛んだことはないけれど、「効かされたなあ」というパンチはある。

パンチにも種類がいろいろある。硬くて重いパンチ。切れるような痛いパンチ。切れるようなパンチをもらうと、膝がカクンと落ちる。足にくるというパンチだ。重いパンチは、何度ももらうと頭がボーッとしてくる。

数多くのパンチをもらってきたが、ボクシング人生で一番痛かったパンチは、中学生時代にプロにもらったパンチだった。

進光ジムには大野重行《しげゆき》さんというスーパーライト級で日本ランキング1位のベテランボクサーがいた。1ラウンドで倒されたが、2001年当時、前田宏行《ひろゆき》選手の持つ日本タイトルに挑戦した人だ。あるとき、大野さんの試合が近づいていて、ジムに来てまだ数か月の中3の僕が、スパーの相手を命じられた。それまで4回戦や6回戦のプロの相手をしたことはあったが、日本ランカーとやるのは初めてで嬉しかったが、中学生が、「そんな強い人とスパーしてええんですか？」という感覚だった。

僕は、オヤジに頼んでWOWOWと契約してもらい海外のボクシングの虜《とりこ》になっていた。

当時、3階級制覇のフェリックス・トリニダード（プエルトリコ）が大好きだった。フェルナンド・バルガス（アメリカ）に勝ってWBA、IBFスーパーウェルター級の統一王者になった頃で、ダッキングで内側に入って相手のパンチを外し、左を打つというスタイルが気に入っていて、それを真似してやろうと、そのスパーで試みた。

大野さんは、そんな僕にジャブを打つと見せかけて左フックを打ち込んできた。中学3年に対応できるテクニックなどありやしない。一撃を顔面に受けて、鼻は折れ曲がって鼻血が噴き出した。鉄みたいに硬いパンチだった。

今でも僕の鼻はペシャッと曲がっているが、このときに折られた古傷だ。

当然、死ぬほど痛い。

ボクシング人生で一番痛かったパンチは何か？　と質問されれば、アトエフやキトロフのパンチではなく、このときの大野さんのパンチを挙げるだろう。

今はもう殴られ慣れているが、まだ、そう殴られたこともない頃の中学生の鼻に直撃したあのパンチは、一生忘れることのない痛さだった。

その日、オヤジが、いつものように車で迎えに来てくれた。

「鼻が痛くてしょうがない。どうしたらええかな」

オヤジは、オレに任せておけとばかりに車を、関西では看板が派手で有名な「スーパー玉出」の駐車場に滑り込ませた。「ここで薬って売ってたっけ?」と思っていたら、オヤジは、何とキンキンに凍ったアイスクリームの「パピコ」を買ってきた。

病院にも行かず「これで冷やしとけ!」というわけである。

パピコは、2つくっついているので、鼻を挟んで冷やすには、ちょうどええ形ではあったが……アイスノンでもなくパピコって……冗談なんか、真剣なのかようわからん(笑)。

そういえば、小学生の頃、プロ野球でオリックスが優勝したときに子供ながらに感動して、「イチローに会いたい」「試合を見に行きたい」とオヤジにねだったことがあった。

「よし! イチローのサインもらってきたるわ」

オヤジがもらってきたのは、祖父の高本市郎《いちろう》のサインだった(笑)。確かにイチローは、イチローで間違っていないが、子供心に、「なんと、しょーもないことを……」と思った。そんなオヤジだから、パピコ事件も、どこまでが本気だったのかよくわからない(笑)。

ボクシングをやって数か月。いきなり日本ランカーに鼻を折られて、悲惨な洗礼を浴びた。死ぬほど痛かったけれど、ボクシングをやめようとは思わなかった。むしろ、凄く楽しくて面白い。この頃、後に東洋太平洋チャンピオンとなる丸元大成《たいせい》さんともスパーリングをした。丸元さんは覚えてないだろうけど、ボコボコにされた。それでもボクシングが楽しくて仕方がない。僕は、もう中学3年でボクシングジャンキーになりかけていたのである。

プロになってラスベガスで試合をするという夢

こういうアスリートの著書には必ずといっていいほど、小さい頃の文集の話が、ひとつや2つは書かれている。たいていの場合、そこには夢や憧れの話があって、「小さい頃からの夢をちゃんと実現したんだね！　偉いね！」と、感動を呼ぶものらしい。が、僕の場合は、またまた「アホやな」という話である。

中学の卒業文集には、ご多分に漏れず可愛く丸くデザインされた囲みの中に、一人ずつ、「憧れのなんちゃら」と、将来、何になりたいかの夢を書くコーナーがあった。他の生徒は、パン屋さんとかケーキ屋さんとか野球選手とか、中学生らしい将来の夢や憧れを書いているのだが、僕は、そこに「憧れのトリニダード」と書いていた。

だいたいトリニダードは名前で、職業でも何でもない。まったくアホ丸出しのピントはずれのことをやっていたわけだ。しかも、自宅でWOWOWを見ているボクシングマニアだけがわかるような名前で、ほとんどの先生も同級生も、「いったいなんのこっちゃ？」と頭をひねったと思う。しかし僕は、それくらい3階級制覇を成し遂げていたフェリックス・トリニダードという黒人選手が大好きだった。

ボクシング通でもない読者の方々には、苦痛かもしれないが、もう少しトリニダードの話を続けたい（笑）。トリニダードは、プエルトリコ出身のボクサーで、1993年にモーリス・ブロッカー（アメリカ）を2ラウンドでKOしてIBF世界ウェルター級タイトルを奪う。

中2、中3のリアルタイムでは、オスカー・デ・ラ・ホーヤ（アメリカ）や、フェルナンド・バルガスと、ビッグマッチを戦っているがひねくれものの僕は、90年代のウェルター級時代のトリニダードが好きだった。

全試合を見ているが、以下の3試合が最高。

初防衛戦のルイス・ガルシア（ベネズエラ）戦（1回TKO）。

四度目の防衛戦となったヨリ・ボーイ・カンパス（メキシコ）戦（4回TKO）。

十度目の防衛戦となったレイ・ロバト（アメリカ）戦（6回TKO）。

バーナード・ホプキンス（アメリカ）らと試合をした晩年はレフトフッカーだったが、昔は細かく刻みながら、相手が打って来たところに右ストレートを返して左ボディから左フックというパターン。完璧なボクシングをしていた。

この人も、僕と同じく、いや、僕なんかと同じくと書くのは失礼であるが、とにかく引退、再起を繰り返して最後は2008年に35歳で2年8か月ぶりに復帰して、これまたカリスマ的な人気を誇るロイ・ジョーンズ・ジュニア（アメリカ）と対戦、二度も倒されたあげく判定で敗れている。悲しい晩年に思えるが、今なお、再起の話題が出ている。90年代のめちゃくちゃ強かった頃のトリニダードは、中学3年の頃のマイ・ヒーローだった。

外国人ボクサーかぶれだったわけでもなく、国内の世界チャンピオンにも興味はあった。初めて生で見たボクシングの試合は、アマチュアボクシングではなく、プロボクシングの世界戦、辰吉丈一郎さんの試合だった。

１９９９年の8月。ちょうど奈良工業高校のボクシング部の練習に通っている頃、名城さんら、部員の皆さんと一緒に大阪ドームで行われたウィラポン・ナコンルアンプロモーション（タイ）とのＷＢＣ世界バンタム級タイトル戦を見に行った。確かチケットは1万７００0円くらいした。オヤジに出してもらったが、中学生にすれば高額。「2万円近くするんやから、ええ席なんやろな」と、座席番号を探したら、かなり後ろの席で、遠すぎてリング上の辰吉さんが見えなかった。結局、試合のほとんどをオーロラビジョンで見ていた。

「これ家でテレビで見た方がよかったんちゃうの」

子供ながらに、そんな風に一人で突っ込んでいた。

前年の12月にタイトルを奪われた辰吉さんのリベンジマッチだったが、辰吉さんの世界ランキングは3位で、「世界タイトルは、チャンピオンとランキング1位がやるもんとちゃうんや？」とシンプルな疑問を抱いたことを覚えている。

試合は、ウィラポンが圧倒。辰吉さんは、パンチをまったく殺せずまともにもらっていた。辰吉さんは6ラウンドに立ったまま気絶してピカピカのハゲ頭のレフェリー、リチャード・スティールに抱きかかえられた。強い人の象徴。それがボクシングだと考えていたから、憧れは、トリニダードであって敗れた辰吉さんではなかったのだろう。

「プロになってラスベガスでビッグマッチをする」

当時の僕は、オリンピックのボクシングというものを知らなかった。44年もメダルがなかったのだから、それも当然で、遥か海の向こうで試合をしていたトリニダードに夢を重ねていたのかもしれない。

物欲がない僕の愛車は、110ccのチャベス号

僕には物欲がない。

自家用車も持っていない。東京で暮らしていると日常的に使わないし、月に1、2回程度使うくらいなら駐車場代や保険代を考えるとレンタカーで十分。そういうところは現実的というか経済的というか、計算高い。

自家用車の代わりに僕の重要な足となっているのが110ccのスクーターである。スズキのアドレス110。120ccを超えると保険料が上がるから、このクラスにしたという超現実的な経済的理由（笑）。ついつい関西人特有のセコさが出る。

僕は、愛車をチャベス号と名づけている。命名者は北京五輪のライトウェルター級代表で仲のよかった川内将嗣《かわちまさつぐ》。大好きなマンガ『ろくでなしBLUES』の主人公、前田大尊の愛車のスクーターと同じ名前である。ちなみに、この前田大尊は、マンガの中での設定としてボクシングをしていて、3階級を制覇して数々の名勝負を演じた伝説のボクサー、フリオ・セサール・チャベス（メキシコ）の名前を取って、愛車のスクーターにそう命名したとされている。今は、チャベスの息子が活躍していて、先日、僕が、現在のミドル級で最強だと思う、セルヒオ・マルチネス（アルゼンチン）から、最終回にダウンを奪いながらも敗れている。何かしら、ボクシングに関係する名前を身近なものにつけてしまうのも、人の影響を受けやすい三男坊の性格からかもしれない。

ファッションは原色系の派手なものはあまり好きではない。学生時代は、B系のダブダブファッションにニューエラのキャップを斜めに被ったりしていきがっていたときもあったが、今は、〝しゅっとした〟シンプルでスマートなものを好む傾向にある。

恥ずかしながら、ベストジーニスト賞に選ばれたが、デニムの愛用品はビクトリノックスにリーバイスやアルマーニ。もちろんインナーとかではユニクロにもお世話になっている。と書くとちょっと恰好をつけすぎか（笑）。時計もビクトリノックス。ただ、その日の気分によって変えてもいて、最近のお気に入りの時計は、なんきん（南京都高校）の金メダルの祝賀会でいただいたロンドン五輪モデルのオメガの時計。裏にロンドン五輪のシンボルマークが刻まれている。

髪を切るのは、チェーンの美容院。カリスマでもないが、お気に入りの人がいて、いつも「あんときみたいな感じで」とか、「短くガッといって」とか、「横だけを前やってくれた感じでトップは残して伸ばしている程度」とか、僕流の超アバウトな指示で、好みの髪型にしてくれるので助かる。

金髪にする前の中学1年生のときは、ロン毛。そういえば中学で初めて先輩連中に絡まれたとき「おいー、そこのロン毛！」と呼び止められた。髪を染めてなくても目立っていたのだろうか。中3では丸坊主。

卒業アルバムには坊主頭で写っている。何も悪いことをしたわけではない。いや、悪いことはしていたけれど、それが原因で坊主にしたわけではない（笑）。

ボクシングの練習で、ロープ（縄跳び）を飛んでいると、髪の毛がカサカサと音を立てて揺れるので、それが気になってしょうがなかったので、「坊主にしてしまえ！」となった。

高校時代は、ソフトモヒカン。ちょうど、2002年の日韓ワールドカップのときが、高校2年生。流行《はや》りました。ベッカムヘア。流行に流される三男坊。のっかりました（笑）。

武元先生は、坊主頭が嫌いだった。

「髪の毛があった方が、ダメージを少しでも防げる」という意見で、僕は、ソフトモヒカンにしていたのだが、言うことが、時々、矛盾していて、何度か、「村田！　明日、これしとけ！」と、手で頭をツルッとするポーズをされて、坊主頭を強制された。

高校時代の記念写真を改めて見ると丸坊主が多いのは、そのせいである。

第3章　恩師との出逢い

「おまえの拳には可能性があるんだよ」


「おまえの拳には可能性があるんだよ」

この言葉は五輪後に、いろんなメディアに取り上げてもらって名言のようになったが、南京都高校の武元先生から受けた多くの教えの中でも忘れられないもののひとつだ。

高2の夏だった。部内の問題で一人の後輩がボクシング部をやめた苦い経験があった。そのとき、武元先生から部員全員に集合がかかった。先生は静かに、いつもの早口で話を始めた。

「部内で問題があったらしいな。原因を作った奴はいるのか。今すぐ手を上げろ！」

僕は、素直に手を上げた。

ぱっと周りを見ると、僕以外には、2人の同期しか手を上げていない。

「なんで責任をなすりつけるんや！　こいつらとは二度と口をききたくない」

手を上げなかった同期の他のメンバーに対してやりきれない怒りが生まれた。

今でもそうだが、理不尽なことを許せない性格である。

ボクシング部の練習場は2階にあったのだが、1階へ続く階段を降りると、その下で、あの場で、手を上げなかった奴らが何人か僕を待っていた。

「村田……すまんな」

耐えていた何かがプツンと音を立てて切れたのがわかった。

下駄箱の前で僕は暴れた。

「オレは、もうボクシング部やめたる！」

同期の連中に罵声を浴びせかけて、それから僕は2日間、練習に行かなかった。

彼らとともに練習をする気持ちになれなかった。もう部をやめるつもりでいた。どこかのジムへ行ってボクシングを続けるつもりでいた。

案の定、武元先生に呼び出された。

部屋に円卓が置いてあったことから、通称〝円卓〟と呼んでいた監督の部屋である。

「なんで手を出すのか。手を出した時点でおまえが悪い。ましてボクシングから逃げ出して何になる？　逃げるとか、やめるということは自分の才能、能力を捨てることなんだ」

その言葉は胸に染みた。

「おまえの拳は、そんなことをするためにあるんじゃない。おまえの拳は、あらゆる可能性が秘められた拳なんだよ」

話は、それだけで終わった。

殴られることも覚悟していたが、鉄拳制裁はなかった。僕は、その瞬間は、「ああ殴られなくてよかったなあ。先生の機嫌がよかったのかな」と思っただけだった。しかし、のちのち、その言葉の意味がわかってくる。

実は、武元先生に、もう一度、同じ教えを受けたことがあった。

高3の春だった。南京都高校では、入学したばかりの1年生を体育館に集めて行う部活紹介という行事があった。各クラブが順番に自分のクラブはこんなところだと面白おかしく、時にはまじめに紹介して、勧誘するわけである。

僕らボクシング部は、その頃まで部員の一人にヘッドギアとグローブをつけさせて、「この人に勝てると思う人は、手を上げてください！」と、1年生に向かって呼びかけて、勇気のある新入生と、即興で対決をさせる余興を恒例としていた。違いを見せつけて、ボクシング部に入ると、いかに強くなるかをわかってもらおうという企画である。

キャプテンだった僕は、「あまり強い奴とやらせるよりも、まだ半人前くらいの後輩とやらせた方が面白いだろう」と、軽い気持ちで、途中入部で、まだボクシングを始めて2週間くらいのほとんど素人の2年生を、その対戦役に指名した。

すっと手を上げて模擬スパーを志願してきた新入生がいた。どう見ても体重が100キロくらいはありそうな巨漢のヤンキー。後々聞けば、空手経験者だったようだ。ボクシング部が、送り出した途中入部の2年生は、60キロくらいしかなく、模擬スパーのゴングが鳴ると、ブンブンと重たいパンチを振り回されて、一方的にやられてしまったのである。名門ボクシング部の面子は丸つぶれである。

その巨漢の新入生は両手を上げて、やいのやいのと調子に乗っていた。僕は「何！　調子に乗ってんねん」と、プッツンした。ボクシング部のプライドが傷つけられたのだ。

「今度は、僕と交代します」とマイクで冷静に伝えて、急遽《きゅうきょ》、グローブをつけて相手になった。「クソ！」と怒りがこみ上げているが、さすがに顔面はまずい。

ボディだけを狙ってボン、ボンと打った。

「うーっ」と、お腹《なか》をおさえてうなっていたが、そのうち勢い余ってバンと軽く1発だけ顔面にパンチを入れてしまったのだ。軽いパンチだったので、ダウンしたわけではなかったが、下を向いて完全に戦意を喪失した。笑いと拍手が起きて、ボクシング部の部活紹介の時間は終わった。その新入生は、軽い脳震盪《しんとう》を起こしてしまっていたようで、帰宅後に気分が悪くなり病院に運び込まれた。幸い大事には至らなかったが、その親から学校にクレームが入った。僕は、とんでもないことをしてしまった。

翌日、たまたま部活紹介の場にいなかった武元先生に呼び出された。

「これは、しばかれるな、殺されるな、しょうがないな」と覚悟を決めて、〝円卓〟に入ると、「なんだ！　お前、昨日の部活紹介で手を出したのか？」と聞かれた。

「はい、そうです」

「顔を殴ったのか？」

「はい、1発だけです」。言い訳がましく言った。

間違いなく鉄拳が飛んでくる。それも1発ではなく、2発も3発も……下を向いて歯を食いしばっていると、武元先生は、静かに話を始めた。

「おまえが人を殴るってことは、そういうことなんだよ。素人とは違うんだよ。腰も回るし、軽くても体重が乗るんだ。おまえの拳は、そんなところに向けるものじゃない。おまえは、可能性を持っているんだよ。拳にそんな力を秘めている。自分の可能性にチャレンジするために拳があるんだよ。そのために練習しているんだろう。なぜ、こんなところで使うんだ？」

拳にある可能性は、努力と練習を重ね、夢や目標に向かって突き進んだときにこそ開くものだということを、先生は言外に教えてくれた。

「気づき」を与えてもらったのである。

怒りに任せて同期を殴ったときにはわからなかった先生のメッセージに、僕はやっと気づいた。僕の拳には可能性がある。その後、何度も打ちのめされ、自信を喪失し、ボクシングをやめてしまったこともあった。しかし、僕はいつも最後にはボクシングに帰ってきた。考えてみれば、武元先生のこの言葉をずっと心に留め置いていたからである。

考えるという習慣が養われた理由

武元先生は、奄美大島からさらに南西に位置する沖永良部《おきのえらぶ》島の出身である。武元前川と、どっちも苗字みたいな奇妙な名前だが、沖永良部島では父方と母方の両方の姓をつけることが少なくないという。言葉数は多い方ではなかった。

その沖永良部島の方言と、関西弁、標準語が絶妙にミックスされた不思議なイントネーションで、しかも早口だから何を喋っているのかほとんど聞き取れない（笑）。

おまけに滑舌も悪くて、よくわからないから「はあ？」と聞き直すと露骨に嫌な顔をするので聞き返すことができなかった。かといってノーとは言えない。

そこで、先生の考えを察知して気づく、考えるという習慣が養われることになった（笑）。

今から考えれば、仕事とボクシングを両立させるため、自分で効率を考えた練習をしなければならなかったときに、高校で養われた習慣が役に立ったと思う。

先生は、ボクシングの普及のためスリランカに行っていたことがあって、その影響からか、髪型はゴルゴ13みたいになっていた。当時の先生はまだ40代の前半。道場での先生は椅子に座って偉そうにしているのではなく、練習でも積極的にミットを持つ。持ってもらったミットを打つトレーニングは、うまくタイミングの合う人と合わない人の相性みたいなものがあるのだが、僕には、武元先生のミットは合った。

いい音がして、バシッとインパクトのタイミングが合う。しかし、部員数が多い時代もあって、先生に1回も持ってもらわないまま卒業される方もいたようだ。同じミドル級で、スパーなどで僕が大変世話になった大西重徳《しげのり》さん（現・奈良ボクシングジムトレーナー）は、ミットを持ってもらった経験がない一人。先生がモンゴルから指導者留学に来ていたコーチに指導を任せていたためだったというが、それでも、大西先輩は先生のことを恩師と慕っていた。それが、武元先生の人間力。偉大な人だったなと、つくづく思う。

特に細かい技術指導や戦略を教えられるわけではなく、大まかなことしか言われなかったが、基本は徹底して叩き込まれた。

ジャブならジャブ。ワンツーならワンツー。それだけを徹底して「いつになったら終わるんやろう」と思うくらい反復練習をさせられた。鉄アレイを持って行うシャドーもあった。

現在、ワールドスポーツジムでトレーナーをされている藤原俊志《としゆき》先輩から聞いたのだが、昔は、何か月もジャブだけしか教えないという時期があった。藤原先輩が、卒業後に武元先生に「あの練習にどんな意味があったのですか」と聞いたら、当時は道場に入りきらないくらい新入部員が多かったので、「やる気のない生徒をやめさせるためにやっていた」ということらしい（笑）。

名物練習はいくつもあって思い出すだけで吐き気がするが（笑）、特にサーキットトレーニングがきつかった。

30秒単位で、メニューをひとつひとつこなしてバーッと回っていく。サイドジャンプ、ロープ、バーベルを持ってのプッシュアップ、サンドバッグの連打、上からぶら下がっている2本のロープを持ったまま、空中で30秒静止したりとか、それこそ地獄巡りである。それを3セット繰り返すのだ。

ボクシングは、昔は2分1ラウンド、インターバル1分など、限られた時間の中での勝負をしているから、ボクサーは自然と、体内時計を持っている。30秒の感覚はだいたいわかるのだが、どう考えてみても3本目は長かった。

武元先生がストップウォッチを持っていて「はい。やめ！」という号令をかけるのだが、5秒いや、10秒長い。「これ、絶対40秒やってるやん」というときもあった。1分のインターバルがあって、そこで脈拍をチェックするのだが、トレーニングがあまりにハードなため180以上に上がっていた。

負けて痛みを知り、勝って努力する責任を負え

負けを知らないとわからないことがある。挫折があって人の痛みがわかる。「人の痛みを知る人間になれ」と、よく武元先生が言っていた。

負けて痛みを知る。その痛さを知った上で勝った者には、次に勝者の責任というものが出てくる。**人より1％多い、101％の練習と努力をせねばならないという責任である。**

高校入学後のデビュー戦は黒星だった。

インターハイの京都予選には、ライトミドル級のエントリー選手が僕しかいなかったため認定勝利となって、自動的に近畿大会のリングに立てることになった。6月頃だ。

僕は、かなり舞い上がっていた。

緊張もしているし、中学からプロのジムで練習していたから、「いいとこを見せたろ、倒したろ」とか、そんなことばかりを考えていた。

ちょうど、WBAとIBFの世界スーパーウェルター級王座統一戦のフェリックス・トリニダードとフェルナンド・バルガスの試合を見ていた。フェルナンド・バルガスは、試合前にいきった（関西弁で恰好をつけるの意味）パフォーマンスを見せるのだが、僕も、リング

に上がると、自分がバルガスになった気分で、ちょっといきってていたのだ。いきってたら、ろくなことがありません（笑）。

1ラウンドは20－19でかろうじて取ったが、2、3ラウンドは、宗世訓《ソンセフン》（大阪朝鮮高校）に面白いように試合を支配された。どこから誰が見ても明らかな判定負けだった。

悔しかった。

「もうボクシングやめたろ」と、思った。

進光ジムでは、プロを相手にスパーもしていて、怖いものなど何もなかった。「高1から無敗のままインターハイも国体もすべて優勝して、そのままプロで世界チャンピオンになったる」というくらいの超ポジティブで高い志を持っていたが、一気に自信喪失である。

武元先生は、そんな僕の気持ちを見透かしていたかのように何も言わなかった。

その後、武元先生の教えを受けていく中でわかったことだが、先生はたとえ試合に負けても、内容が前に行って戦う姿勢を失っていなければ、「次だよ次！」と励ましてくれる。だが勝ったとしても、内容が消極的であったり、気持ちが乗っていなければ、ボロかすに言われ、ときには、容赦なく鉄拳も飛んできた。勝ち負けよりも、「逃げる」という気持ちの弱さが見えてしまうボクシングが大嫌いだった。

「苦しいときこそ、前に出るんだよ」

これも、先生が僕らによく話してくれた言葉。元ライト級の東洋&日本王者でWBA世界スーパーフェザー級タイトル戦で畑山隆則さんと激闘を演じた坂本博之さんの語っていた言葉だったそうである。

そう考えてみると、あのとき敗れたが、逃げない姿勢を認めてくれたのかもしれなかった。

インターハイの1か月半前に、武元先生は僕らを熊本遠征に連れていった。

強豪校である九州学院の、インターハイ優勝の最有力候補だった坂田一平さんや、ウェルター級で全国のトップ4に入る、開新高校の足立竜規さんらとスパーリングをさせてもらった。坂田さんとは、僕の方が分があるようなスパーの内容で、足立さんからはダウンを奪った。

武元先生は、「自信になっただろう。いけるよ」と、励ましてくれた。

結局、初出場となったインターハイでは、4回勝って1年生としては何年ぶりかで決勝進出を果たした。決勝では、当時3年生だった坂田さんに敗れたが、「オレはいけるんやないか」と、近畿大会の敗戦で失っていた自信が、ふつふつと蘇ってきた。単純なのである。

ちなみに初黒星を喫した宗世訓とは、その後、2回対戦しているが、1回は、ボディで落として、もう1回は記憶を飛ばして勝利した。しつこい性格の僕はリベンジには成功している。

ハングリーの定義とは何か

「小学校の思い出」というテーマだったか。奈良の伏見小学校の卒業文集には、マラソン大会で1位になったことを「ぶっちぎりで勝った」と自慢して書いた記憶がある。

「これからも何かで一番になりたい」とも書いた。

自分を一番に見せたい。その頃から、強い自己顕示欲があったと思う。

2011年になって、「オリンピックで金メダルを獲得して自分が世界一強いことを見せたい」と考えるようになったが、それこそが、究極の自己顕示欲である。

強くなるにはハングリーでなければならない。よくよく語られる言葉である。

しかし、ハングリーの定義とは何なのだろうか。

ハングリーとは、何もない状態をいうのか、もっともっと何かを求めている状況をいうのか。ハングリーが何もない状態を示すのなら、今の僕には何もかもがある。幸いにして東洋大職員という職に就かせていただき、嫁さんもいれば、可愛い子供もいる。マンションも買った。経済面でも、生活面でも、環境面でもハングリーさはない。だが、**何かを求めること**
をハングリーというならば、ハングリーさはある。しかし、何かを求めることと、欲とは違

うと思う。

海外では、金メダルの獲得で一生を保障される国もある。それは、間違いなく彼らの強さの裏にあるモチベーションだ。しかし、東洋大職員という安定した生活を与えてもらっている僕は、「金メダルを取ってビッグマネーを手にする」というような金銭欲は一切なかった。

雑念がない。純粋な求道の姿勢だった。

ボクシングは究極の自己満足スポーツだろう。しかも、その自己満足には際限がない。「もう金メダルを取ったんやから、やめたらええやん」となるはずだが、どこかでその満足度合いが、どんどんエスカレートして贅沢なものになっていく。

さらに強さを求める気持ちが出てくる。

ボクシングで初めて一番を手にして、自己満足を得たのは、高校1年の終わりに福井で行われた選抜大会だった。僕は、準決勝で対戦する、ひとつ学年が上の習志野のサウスポー、坂本貴博さんとの対戦が事実上の決勝だと捉えていた。サウスポーが苦手だったので「ここが勝負どころや」と考えていたが、勝った瞬間に有頂天になってしまったのか、決勝を翌日に控え、大切なマウスピースをどこかに紛失してしまった。

僕は、歯型を取った特製のマウスピースを使っていた。歯型の合わない市販のマウスピースを使うと、吐き気がして気持ちが悪くなる。集中もできない。それほど繊細な一面も持っていたが、決勝には間に合わない。急遽、市販の、ふやかして歯型に合わせるようなマウスピースを使ったのだが、予想通り口元が気になってまったく試合に集中できなかった。決勝の相手は足立竜規さんで、スパーで倒したことのある相手。勝つには勝ったが、3ラウンドに右をもらってダウンをした。ダメージはなかったが、グズグズの試合。

紛失したマウスピースに加え、準決勝が山場と考えていたから気も抜けたのだろう。トーナメント戦で連日試合が続くアマチュアボクシングにおいて集中力は決して切らしてはならないのだ。銀以上が確定したからといって、そこで安心してしまえば、決勝戦後には敗者のまま表彰式に臨まねばならない。銀メダルなのに満足感は銅メダルより低くなる。

それでも人生初の優勝は嬉しかった。

僕は、歓喜の涙を流すのではなく、喜びの表現として応援に来てくれていた、大仏みたいな顔をした奈良の選手のほっぺたにぶちゅーとチューをしていた（笑）。僕には、もちろん、男性を愛する趣味はなく、なぜそんな突拍子もない行動をしたのか、まったくの謎なのだが、それほど無我夢中で興奮した初勝利だったのだろう。

このときは怒られなかったが、武元先生は勝ったときに必要以上のパフォーマンスをすることを嫌った。そういう選手は怒られた。ボクシングは相手がいて成り立つ競技。敗者へのリスペクトを忘れるなという教えだった。

優勝は、大きな自信になった。僕は、続く**インターハイ、国体を、全試合レフェリーストップという内容で連続優勝**した。全試合レフェリーストップは、今でもかなりの自慢なので、ここは太字にしておく（笑）。

南京都高校ボクシング部キャプテンとしての誓い

僕は、高校、大学と通じてキャプテンだった。

なんきん（南京都高校）でのキャプテンは、ひとつ上の代の先輩と、武元先生らが決める。キャプテンになることは正直、嫌だった。ただでさえ団体競技が嫌いだから、キャプテンの責任は負いたくない。キャプテンは日本大学を経てプロに進み現在、世界ランカーの向井寛《ひろ》史《ふみ》になりそうな空気だったし、それでいいと思っていたが、結局、僕が指名された。

キャプテンになったとき、ひとつだけ決めたことがあった。走っていても何をしても、「人の背中を見たらあかん」ということだ。つまり自分の背中を見せて先を走らねばならない。

武元先生には、よくこう言われた。

「主将がやらなきゃ誰がやるんだよ。おまえがやらなきゃ誰もついてこないよ」

僕はロードワークで先頭を走るということを自分流のキャプテンシーとした。

7キロ走といわれるロード走が、毎週金曜日にあった。学校の周囲には山が多かった。「悪いことせんように隔離したんかい！」と突っ込みたくなるほどで、長い坂を下って高速道路の向こう側の山を登って、帰ってくるというクロスカントリーのようなコース。高校2年のときまでは、もうひとつ手前の山もクネクネと登っていたので9キロ走だったが、工事車両がその山を行き来して危ないということで、7キロ走に落ち着いた。とにかく山の中を走るから、坂の角度が半端ではない。走った後は足がまるで象の足みたいにパンパンになる。

僕は、2年生の途中から部で一番速くなった。キャプテンとして先頭を走ることはずっと守れるのだが、しんどかったのは、毎回、タイムを計測されることだった。

僕らが7キロコースといっていただけで、正確な距離はわからないが、トップの僕は、23分40秒前後で帰ってきた。2番手、3番手の後ろは、25分ちょっとかかっていた。後ろの選手のタイムは覚えられていないが、トップの僕は常に見られている。一番の座だけでなく記録まで守らねばならないから簡単に手を抜けない。

伏見中学では、元々は陸上部。長距離走だけには自信があったが、この金曜日の7キロ走は、一番の宿命を背負っていたので、本当にしんどかった。

金曜日の7キロ走は、真夏でも真冬でも一年中続いた。

僕の足腰の強さのルーツは、ここでの走り込みに尽きる。このときに鍛えた土台が、後の金メダルにつながったといっても過言ではない。

自分が、ストイックにとことんやるから他人にも同じものを求めてしまう。チンタラと走っていたり、練習で手を抜く選手が大嫌いだった。イライラして、「そんなんやったら、部におらんでええやん」というくらいに許せなかった。今考えてみれば恥ずかしくなるような傲慢な自己チューであった。後輩たちは、そんな僕が怖くてチンタラできなかったようだ。

卒業してから聞いたのだが、とか、陰で、後輩たちは、僕のことをマンガ『北斗の拳』のラオウとか、『ドラえもん』のジャイアンと呼んでいたらしい。

その頃の僕は、「究極のジャイアニズムを持ったラオウ」だった。

ジャイアニズムとは、横暴の極みを意味する言葉である（笑）。

将来、ボクシングの指導者になるために

高校時代につかんだ5冠（選抜・インターハイ・国体）の栄光は、大学進学へのパスポートとなった。

ボクシングは、そろそろ僕の人生を変え始めた。武元先生は、自分の母校でもある日大に結果を残した優秀な生徒を行かせたいと考えて僕を推薦してくれた。だが僕は、生意気にも

かった。

「日大は無理です」と断った。

高校時代に、一年に一度は合宿で日大にお邪魔していた。当時の日大は僕にとっては先輩と後輩の規律が厳しく思えて、やっていける自信を持てなかった。

何かに縛られることが嫌な性格。

高校時代はボクシングを基礎から学ぶ時期で、自分で考えるより、教えてもらう習慣を身につける意義の方が大きかったが、大学を前に僕は自由を求めていたのかもしれない。

あまりに僕が日大進学を嫌がるものだから、武元先生は別の進路を考えてくださった。自分としては関西を離れたくなくて近畿大学を志望していたが、ある日、武元先生に「日大が嫌なら東洋大へ行け」と言われた。

「おまえは関西にいたら絶対に練習をしないよ。関西なら練習をしなくとも勝てるから。でも、強くなりたいなら関東のリーグ戦1部の学校に行かないとダメだよ」

当時、関西の大学と関東の大学ではボクシングのレベルがかなり違っていた。東洋大は数年前に1部に上がったばかりの学校だったが、東郷武監督と武元先生には縁があったようで、推薦入試での話をまとめてくださった。日大のライバル校に教え子を送り込むのは抵抗があっただろう。それでも武元先生は、僕のことを第一に考えてくれたのである。

プロという選択肢も、気持ちの1割くらいはあった。

しかし、何となくだが、「将来は、武元先生のようなボクシングの指導者になりたい」という考えがあって、それならば高卒でプロに行くより、大学で教職を取っておかねばならないと考えたのである。だが正直なところ、そういう大志は、揺るがないようなものではなく、大学に行けるから行ったというのが、本音。今、あのときの僕に、「おまえ、大学に行って何がしたいねん」と聞いても、描いたものは何もなかったはずである。

東洋大の職員やボクシング部の指導者となってからは、「おまえら、大学に何しに来てんねん。もっとしっかりしたビジョンを持ってこい」と、金八先生ばりに恥ずかしげもなく指導しているが、自分に置き換えてみれば、ボクシングをするためだけに大学へ行ったようなもので、それ以外のビジョンは何も持っていなかった。

そして、そのビジョンのなさと、縛られるのが嫌で自由を求めたという、ええかげんでヘタレな理由が、僕をスランプのどん底へと叩き落とすことになる。

大学1年で陥ったどん底。スランプは、練習でしか克服できない

東洋大学に入学して僕はスランプに陥った。勝てなくなったのである。

大学でのデビュー戦となった5月の関東大学リーグ戦の東京農業大学戦で、稲田敬介選手に再三のバッティングの反則を繰り返して、3ラウンド1分33秒で失格負けをした。

頭が低いとか、ブレイクに応じないとか、そういう減点ポイントが重なっての負けである。勝負以前の減点での敗戦に、まずレフェリーに対して「なんやねん！　減点ちゃうやろ」という気持ちになったけれど、それは単なる責任転嫁。いきがっているだけだった。弱い犬ほどよく吠えるというが、まさにそれだった。

僕は大学のボクシングをなめていた。

高校時代に5冠。驕《おご》りがあった。甘々の気持ちでいたのである。

南京都高で武元先生に見守られ、決して手の抜けない厳しい環境の中で練習していたが、当時の東洋大は、最初の体操だけは一緒にやるが、後の15ラウンドは、各自でメニューを考える自主性を重んじた練習だった。まだ自分のボクシングも練習方法も確立できていない。そんな僕にしてみれば〝大人の環境〟はまだ早かった。「これだけの練習をやったから」という勝てる根拠がなかったのである。

「なんで自分はこんなに弱いんやろう」

「自分で自分を褒めてあげたい」は、有森裕子さんの名言だが、僕は、自分で自分を嫌いになっていた。頑張らなければならないのだが、何をどう頑張っていいのかもわからない。

スランプとは恐ろしい状態だ。ある意味、精神が破壊される。

相手のパンチが怖くなる。高校時代に敵がなく、怖いもの知らずだった僕が、試合前に「倒されるわ」「負けるわ」のネガティブなイメージしか抱かなくなるのだ。

ゴングが鳴っても、今度は相手のカウンター攻撃が怖くなって、まるで手が出ない。カウンターとは、こちらが出すパンチにタイミングを合わせて、相手が仕掛けてくるパンチのことで、こちらがパンチを出すより前に打たれるというマイナスの予測が先に立つ。そうすると必要以上に相手のパンチを警戒するようになって、ひどく消極的になるのだ。アマチュアもプロも相手にパンチを当てなければ勝てない。パンチを出さないというのは最悪のボクサーである。


大学1年生の秋にあった彩の国まごころ国体（埼玉）で、またしても僕は初戦で反則を繰り返して、日大の菊池智則選手に2ラウンド途中で失格負けをした。うなだれてリングを降りると武元先生が、近寄ってきてくれた。

「何しに大学に行ったんだ？　ボクシングが崩れているじゃないか」

高校時代から成長するどころか後退してしまっている。

「おまえ、これでいいのか。このまま自分で選んだ大学で強くならなくてどうするんだ」

先生は、いつものように早口でそうおっしゃった。

遊びたいから日大を避けたのか？　もうおまえは、強くなる思いをなくしたのか？

そう問われているようだった。

「自分一人で……練習のやり方もわからなくなっています」

僕は、正直に心情を打ち明けた。

すると、後日、武元先生は、練習メニューを表にして送ってくれた。

そして「練習の仕方がわからない、と言い訳をするなら自衛隊に行って練習してみろ。連絡をつけておくから」と、自衛隊体育学校のボクシング部で練習ができるように取り計らってくれたのだ。

スランプから抜け出せない僕は、わらにもすがる思いで自衛隊体育学校の門を叩く。次の試合予定の全日本選手権までは、1か月ちょっとしか時間がない。それでもやれることはやりたい。週の半分以上は、午前中から自衛隊に通う生活が始まった。

「なんで、俺は、こんなになってしまったんやろ」

時間が経過すれば、僕以外のみんなも強くなる。自分も成長や進化を遂げていなければ、周囲の伸びに置いていかれてしまう。高校の最後に全日本選手権で準優勝もしていたが、ボクシング部の引退後、4か月くらいは練習もせずに彼女の家に入り浸ったり遊んでばかりいて、東洋大学に進んでからは、自分に甘え厳しい練習もしていない。僕のボクサーとしての時間は止まってしまっていた。なのに「俺は勝てるんだ」という過去の高校5冠というプライドだけが残っている。過去の栄光にすがり、今の己を知るということができていなかったのである。だが僕は、3つの敗戦で、やっと己を知ることができた。

自衛隊では日本代表チームの監督としてロンドン五輪決勝のセコンドについてもらうことになる本博国さんの指導を受けた。本さんはアトランタ五輪のミドル級代表選手。それ以降、僕まで日本からミドル級の五輪代表選手は出ていなかった。本さんとは、このときから何かしら運命のリングがつながっていたのかもしれない。

本さんからは、徹底してディフェンスの技術を学んだ。

高校生までは僕には抜きん出たパワーがあったから、それを使って押し込めば簡単に勝てていた。だが大学では、こちらはまだ18歳なのに、相手は3つ上で21歳。肉体が出来上がっている相手に高校レベルのパワーは通用しなかった。逆に打たれるパターンが増え、受身になったときにどう対処するかの技術がなく、醜い反則を重ねて逃げることしかできなかったのである。

その対処方法を学んだ。

例えば、相手に一方的に攻めさせるだけというスパーリングをした。

ロープ際では体を回して相手の攻撃をかわす。ガードのときに肘をうまく前に出しながら、腕と肘の角度を変え相手のパンチを殺す。一歩前へ出てのブロッキング。ガードを軸としたディフェンス技術の基本を徹底して教えてもらった。

僕のインファイトのボクシングスタイルは、ガードとブロッキングに支えられているが、その技術のルーツはこのときに構築したものである。

その頃仲よくなったのが、北京五輪のライトウェルター級の代表となる川内将嗣である。彼は専修大学でボクシングをしていたが、週末になると自衛隊に練習に来ていた。川内とは、自衛隊で午前中に練習をすると、午後からは一緒にプロのジム巡りをした。

その中のひとつ、ワタナベジムに、1979年の世界選手権の銀メダリストで、モスクワ五輪のライトフライ級の韓国代表選手だった洪東植《ホンドンシク》トレーナーがいて、その人の教えが刺激となった。パンチを打つリズムが日本人とまったく違う。ダンダン、ダンダン、ダンーダダン、みたいな変則的なリズム。まだ知らぬ奥深い技術に飢えていた僕は、新しいボクシングの技術をスポンジが水を吸いとるように吸収した。

僕は、1か月後、2004年の全日本選手権のミドル級で初のチャンピオンとなった。

初戦で坂田一平さんに勝ち、続く準決勝では国体で負けた菊池さんにリベンジした。決勝の相手は、法政大学の阿部満選手。2ラウンドまでは負けていたが、4ラウンドに左右のフックでダウンを奪うと、そのままラッシュしてレフェリーストップでの初優勝となった。ミドル級では実力が抜きん出ていたアマ13冠の佐藤幸治さんが、ちょうどプロに転向をして大会に出ていなかったことも僕には幸いした。

1年でスランプを脱出した。今思えばボクサーとしての過渡期だった。

そこで得た教訓はひとつ。スランプは、練習でしか克服できない。負けて己を知ること。

そこから国内では、もう敵がいなくなるほど勝ちまくった。

大学2、3年では、世界選手権、アジア選手権の代表に選ばれ、国体は2年、3年で優勝。大学4年で、また全日本を制覇。2008年は、引退していたので出場せずに、復帰した2009年から3連覇。日本レベルでは、プレッシャーがなく無敵のチャンピオンである。

「ここで負けててどないすんねん」

それくらいの自信があった。しかし、完全な内弁慶である。

大学2年になった僕は、全日本のメンバーに選ばれ、国際試合のため海外遠征に行くようになり、そこで、また壁にぶつかった。

「世界とはレベルがちゃうやん。このレベルではなんぼやっても勝たれへんわ」と、外国人コンプレックスを抱き、あきらめてしまったのである。偽りの自信は崩れ去って、スランプで得た教訓も忘れてしまい、練習がまた、ええかげんなものになった。その話は次章に詳しく書くが、まったく懲りないアホである。

チームを一変させた仲間の闘争心。勝てるチームの雰囲気作り

僕は東洋大学時代にもキャプテンに指名された。本当はやりたくなかった。小林大樹《だいき》という同期の親友にやって欲しかったが、「おまえがやれ！」ということになってしまった。

当時、僕は人間として失格だった。高校時代に5冠。エリートとして入学してきて、2004年に大学1年で、東洋大初の全日本チャンピオンになって同期の選手を見下してしまっていた。「こんな奴らを相手にしてられるか」という僕の態度は相手にも伝わるから、同期の連中と仲が悪かった。キャプテンに指名されたとき、さてどうしようかと悩んだ。見下した態度をずっと続けてきた自分に、みんながついてきてくれるはずがない。

僕のひとつ上の和田亮一先輩が、〝伝説のキャプテン〟と呼ばれるほど、できた人だった。僕は自分の好きなように〝のうのう〟と練習をしていた。自分のペースで自衛隊に行ったり、朝練も勝手にしていた。和田先輩は、初めて「みんなでちゃんと練習をやろう」と、部に規律と一体感を作った。僕が朝練の参加時間に遅れると、「早く来い！」と叱られた。入学以来、人に叱られるのは初めてだった。僕は素直でわかりやすい性格だから「この人について

いこう」と、気持ちの中ですっと背筋を伸ばした。

和田先輩は、見事なリーダーシップで部をまとめ、関東大学リーグ戦で最後まで優勝争いをして強豪の東農大に勝った。その和田先輩が築いた新しい部の伝統を僕が引き継がねばならない。人についていくのは簡単だが、部をまとめるとなれば、これは生半可ではない。しかも同期のメンバーを見下していた僕が、今さらキャプテン面して何を喋《しゃべ》っても反発されるだけで、誰もついてこないのはわかっていた。

「どうやったらええんやろ」

悩んだ僕は、3学年上で、東農大でキャプテンを務めウェルター級で全日本選手権に優勝していた、平野義幸《よしゆき》さんに相談を持ちかけた。平野さんも、キャプテン時代に同期との関係がギクシャクしていた時期があったという。だが、平野さんはキャプテンシーを発揮して東農大を牽引《けんいん》。日大の12連覇をストップさせて、12年ぶりに大学王座を奪回している。

平野さんは、悩める僕にこんな話をしてくれた。

「腹を割って話せよ。自分がこれまで取ってきた態度を悪いと思うんなら、思い切ってみんなに謝ってみろよ！」。僕は、「そうや、それしかない」と思った。

「頼む！　みんな一度集まって欲しい」

10人くらいいた同期に、朝霞《あさか》台にあった居酒屋に集まってもらった。携帯電話の番号さえ知らない同期も多かったから、親友の藤田真三《しんぞう》が連絡して集めてくれた。酒の力も借りて、僕は神妙な顔をして全員に謝罪した。

「今までごめん。横柄にしてたし、見下してるところもあった。オレが悪かった。申し訳ない。でも、和田先輩が部を強くしてくれた。オレとしても、その雰囲気を継承して頑張っていきたい。一緒に協力して頑張って欲しいんや。今日は言いたいことがあったら何でも受け入れるから全部言ってくれ！」

ちっぽけなプライドが邪魔をしていた当時の僕としては、かなり勇気のいる行動だったけれど、キャプテンとしての責任感が僕の背中を押した。僕のことを注意してくれて、体を張って部をまとめた和田先輩の作った東洋大の新しい伝統を「オレがキャプテンになって潰したらあかん」と思ったのだ。小林大樹が広島弁で口火を切った。

「そうよ。お前は1年からチャンピオンになっているかしれんけど、そうやって偉そうにやっとったけ、あかんのよ。こういう会は大事じゃけん。頑張ろうや」

僕のことを注意してくれた奴もいれば、こんなしょーもないことで喧嘩したなあという昔話をした奴もいた。誰もが腹を割ってすべてを吐き出した。全員が泥酔して、バラバラだった気持ちがひとつになった。まさに青春ドラマである。

僕はキャプテンとして「練習を誰よりもやる」「走るのは一番を取る」ということは、率先して続けたが、部をまとめたのは僕のリーダーシップでも何でもなく、このとき、すべてを吐き出した同期のメンバーが、その後、レギュラーを奪うために争った凄まじいまでの気魄と、その姿勢だった。

大学のリーグ戦は、ライトフライ、フライ、フライ、バンタム、フェザー、ライト、ライトウェルター、ウェルター、ミドルという8階級9試合の対抗戦である。

試合出場のメンバーは部内スパーで決めるのが東洋大のルールだった。ライバル同士がスパーをして監督やコーチら周囲の人間が、その勝ち負け、優劣を判断するのだ。形の上ではそうでも、勝った負けたは、実際に拳を合わせた2人が一番わかる。

フライ級は2枠だったが、ひとつは、長谷川雅という国体で優勝しているチャンピオンがいて当確だった。その残りひとつの枠を巡って、2人の同期が激しい火花を散らした。藤田真三と、元々、バンタム級にいた片山智之の2人である。彼らは部内スパーで、本気でガチガチに打ち合った。

それは、当時、名勝負といわれたエリック・モラレス（メキシコ）vsマルコ・アントニオ・バレラ（メキシコ）の試合を彷彿《ほうふつ》させるような、気持ちと気持ちがぶつかり合う熱気のあふれる殴り合いで、そのスパーを見て誰かが、「おまえら、モラレスとバレラか」と言ったほど。その超ガチスパーは部に熱を呼んだ。ボクシングは個人競技だが、大学のリーグ戦という団体戦には、特別な緊張感と空気感があって、全員で盛り上がらないと勝てない。2人のスパーが「オレらもやらなあかん」と部内を活気づけてチームに勢いをつけたのだ。

結局、レギュラーには片山が選ばれ、僕らは、その関東大学リーグ戦で優勝を逃して準優勝となってしまったが、部として初めて、名門の日大に勝った。試合に出たいという気持ちを練習の中で闘争心に変えた人間たちが、部の高まりと雰囲気を作った。僕は、今でもキャプテンとして2人に感謝している。このときの勝てるチームの雰囲気の作り方は、これから先、どこでボクシングの指導者となっても、しっかりと覚えておかなければならないだろう。

第4章　挫折と再起

22歳で引退。海外コンプレックスに負けた自分

超一流といわれる外国人選手との力の差をまざまざと見せつけられたのが、2006年、ドーハのアジア大会での1回戦である。1階級下から階級を上げてきたアテネ五輪のウェルター級の金メダリストのバクシャー・アルタエフと対戦して、5－24のポイント差で完敗を喫した。それは、人間対人間の戦いではなく、人間対サンドバッグかというくらいにボッコボコにされた。何をやっても通用しない。どのパンチも当たらない。ガードするだけで必死。またスランプ時代のような恐怖感を抱いた。「ほんまに大人と子供くらい違う」と口をつくほど実力の差を思い知らされた。

そのアルタエフも決勝では、ウズベキスタンのエルショド・ラスロフからダウンを奪いながらもポイントで敗れた。

「世界にはどんだけ強い奴がおんねん」

半年後、そのアルタエフとタイのキングスカップで再戦した。

1ラウンド目は、何と同点。2ラウンド、3ラウンドで離されたが、結構、渡り合えた。あれだけボコボコにされた相手と戦えたのだから、「数か月でそんなに伸びるんやから、も

っと頑張れや、おまえ」という話なのだが、僕はそれを実行に移せなかった。アルタエフとの距離を縮めたのに脳裏に「超一流には勝てない」というネガティブ君が、こびりついていた。

今、こうしてパソコンを前にして思えば、突っ込みどころはいっぱいある。

「おまえはアホか。そんな練習で勝てるんか」ということである。

最悪だったのは、2007年だろう。

国内でスランプは克服して無敵を誇ったのだが、海外では通用しない。

完全なる内弁慶。井の中の蛙《かわず》状態である。

そうなると、本来はメンタルが弱いから、またあのスランプの感覚が蘇ってくる。

「二流の外国人には勝てても一流の外国人には勝てない」という強いコンプレックスに支配され、モチベーションが下がった。

その海外コンプレックスを払拭できないまま、2007年9月に北京五輪の予選がスタートした。まずシカゴで行われた世界選手権でベスト8に入れば出場権が確約されるが、僕はひとつ勝つのがやっとだった。

その世界選手権では、川内が日本人として26年ぶりに銅メダルを取った。彼の北京五輪出場は、そこで決まった。一緒に練習をしていた仲のいい川内が、スポットライトを浴びると、羨《うらや》ましいという気持ちが「クジ運がよかっただけやろ」と、人に対する妬みや嫉《そね》みに変わって、ドス黒い感情が僕の心の中で渦巻いた。今思えば「こんな性格悪い奴、おれへんやろう」というくらい、ひねくれた感情に支配されていた。

「川内が勝ったんだからオレも勝てる」というプラス思考には結びつかなかった。これでもかというくらい後ろ向きの思考では、勝てるものも勝てなくなる。

ただ、川内には心から感謝している。彼がここで突破口を開き、新しい風を吹き込んでいなければ、「日本人は海外で通用しない」という固定観念が僕だけでなく日本のアマチュアボクシング界にずっと重たく残っていただろう。

しかし当時の僕には、まだまだ、五輪出場の可能性が残っていたというのに、その川内が起こした風を追い風に変えるメンタルが備わっていなかった。

アジア予選で勝てばチャンスはあった。だが、完全に自信を喪失している僕は、「どうかクジ運のいいのを引っ張ってきてください」と願ってみたり、すべてが他人任せで、自分の手でオリンピックチケットを勝ち取ってみせるという熱いものがなかった。

2008年1月に北京五輪のアジア1次予選がタイで行われ、僕は、準決勝でラスロフにポイントで負けた。それでも、まだ3月にカザフスタンで開催されるアジア2次予選に最後の可能性が残っていた。

チャンスがあるのに、その頃の僕はぐずぐずしていた。

友人が、未だに、まるで予言者だったかのように自慢気に言ってくることがある。

「五輪には行けないと思っていたよ。あれで行けるわけがないよ」

酔っ払って、わけのわからない行動や発言ばかりして、周囲に迷惑をかけていた。

北京五輪のアジア2次予選では、そんな状況で試合に向かっていた。

初戦でイランの選手に負けて、僕の北京五輪への道はあっけなくついえた。

ショックではあったが、オリンピック出場が消えたという現実は、すんなりと受け入れられた。「外国人には勝たれへん、クジ運がよければ行けるかもしれん」という程度の気持ちで練習していたから、当然といえば当然の結果。あきらめながらボクシングをやっている状況だった。

「これでやっとボクシングをやめられる」

イランの選手に負けたとき、悔しさと同時にちょっとホッとした気持ちが湧き上がった。

「負けたらボクシングは終わり」と試合前から決めていた。

悔しさはなかった。後悔がないほど情けない僕がいた。そこまで練習していなかったのだ。

トップレベルの選手には所詮勝てないと思っているから、練習の真剣度も今ひとつ足りない。

試合前だというのに、飲みに行ったりパチンコに行ったりもしていた。悔しいと思う価値もない男だった。

僕よりもショックを受けていたのは、カザフスタンまで一緒に来てセコンドについてくれた武元先生だった。その日の夜に同期の人間から「武元先生が、さっき泣いてはったぞ」と聞かされた。

僕は、武元先生の期待を裏切った。練習も一生懸命にやらず、しかも、「外国人に負けてもしょうがない」という甘い気持ちでリングに上がっていた。

どうせあかんと、**自分自身の可能性に限界を決めていた**のだ。

僕自身が、半分試合も投げ出したような形で、自分に何も期待をしていなかったのに、武元先生は、涙を流すほど僕に期待をしてくれていた……先生！　本当にごめんなさい。

僕は、何度も、何度も、心の中でそう繰り返した。

高校時代、武元先生がよく負けて泣いている選手に対して言っていた言葉がある。

「負けて泣くことないよ。泣くほど練習していないじゃないか」

僕がまさにそうだった。

情けない。未だに先生に申し訳ないという気持ちしかない。

先生は僕を信じてくれていた。先生は泣くほど期待してくれていたのに、肝心の自分は自分に期待していない。泣く価値もないくらいに練習もしていない。先生は「可能性を捨てるな。拳に可能性がある」と教えてくれたのに、僕は、それを忘れて裏切った。

僕は引退した。厳密にいえばアマチュアスポーツに引退はない。プロのように手続きを踏んだ引退届のようなものもなく、練習をせずに競技に出なくなること。それが、すなわち引退だった。

己は特別な人間ではないと知らされた瞬間

僕は東洋大学の職員である。

現在は、広報課も兼務しているが、最初に配属されたのは、大学と学生の間をとりもつ学生生活課だ。東洋大で社会人の第一歩を踏み出したのが、ちょうど北京五輪の予選に敗れてボクシングからの引退を決めた2008年4月である。

アジア2次予選が3月の終わりだったから、1週間もしないうちに社会人1年生としての仕事も始まる。それが自分の中でのボクシングをやめる言い訳だったのかもしれない。

社会人生活には戸惑いがあった。オリンピックには出場できなかったが、全国で9回勝っている日本一のボクサーだという、ちっぽけなプライドがあった。どこかで自分は特別だと思っていたのだろう。

だが所詮、それは、ボクシング界という小さな世界での話。

いざ、事務職を始めるに当たって、自分には社会で通用するスキルが何ひとつないことを思い知らされた。パソコンもいじったことがない。エクセルとワードはできますか？　と聞かれても「はあ？　エクレアなら好きですよ」という世界。

ボクシングだけをやっている学生の時代は、それでもいい。だが、仕事場にスーツを着て座った途端に「ボクサーって世間ではこんなにしょぼいもんなんか」と痛感させられた。

「己は特別な人間ではない」ということを突きつけられているのに、ボクシングという特殊な閉ざされた世界にずっといて社会性を欠いていたから、それを認めるには時間がかかった。

ときには、上から目線を浴びることもあって「これがボクシングなら……」と、ふと考えてしまう自分と「いやいや違うから。社会はボクシングじゃないから」と納得させる自分がいて、その2つを融合させるのに時間が必要だった。

学生生活課の仕事は、主に学校から援助金を出すサークルへの対応、トラブル対応、施設の貸し出し、学生が怪我をしたときの保険の処理、白山祭《はくさん》といわれる学園祭、入学式、卒業式の運営作業などで、学生との共同作業も多かった。

白山祭が成功して感動して泣いている学生の姿などを見ると、「一緒にやってきてよかった。この仕事はやりがいがある」と思った。周囲の方々の理解とサポートに助けられ、ワードやエクセルも使えるようになって、最低限の社会人スキルを得てからは、学生の面倒を見るという仕事がだんだんと楽しく面白くなってきた。

社会人1年目の２００８年には、北京五輪があった。僕はほとんどテレビを見なかった。見られなかったと書いた方が正解かもしれない。競泳の平泳ぎの北島康介さんの2種目連覇という凄い記録の達成は見たが、あまりオリンピックのことは考えたくはなかった。

「オレは負けたんだな」という情けない気持ちが蘇ってくる。

オリンピックは勝者が集まる場所なのだ。勝った人たちを素直に祝福するということが、当時、そこまでの度量のなかった僕（今でもあるかどうか断言できないが）には、なかなかできなかった。引退して、まだ4か月しか過ぎていない。記憶が生々しすぎた。

ボクシングは、そもそもテレビ放送がなかったし、まるで興味を持てなかった。そこに自分が目指していたものがある。そう考えると素直に応援もできなかった。出場した清水と川内は仲がよかった2人だが、応援したい気持ちと羨ましいというような気持ちが、複雑に入り混じって、できれば五輪という情報自体を避けたかった。それほどネガティブになっていた。当時の僕にとっては、幸いなことに2人とも1回戦負けだった（笑）。

偶然だったが閉会式はテレビで見た。そこには清水と川内の姿があった。もう羨ましいという気持ちは消えていた。

社会人として仕事をしながらも、ムズムズしている何かが胸の奥で燻《くす》ぶっていた。

仕事が終わるとコーチとして学生の練習指導のため、ボクシングの道場には通っていたが、相変わらずジレンマに苦しんでいた。

仕事は楽しくなってきたが、まだ、自分を特別だと勘違いしていた。

「オレはもっと活躍できる」

「凄いんや」と。

しかし、実際は、何も凄くない（笑）。

社会不適合者である。普通のことができないのだ。普通のことができる人間が、プラスアルファで何かができてこそ「凄い」といえるが、僕の場合はその普通のことができない。たかだかスポーツをやっていただけの、しかも、オリンピックにも出ていないボクサーのくせして「自分は特別だ」と勘違いしていて、そのくせ何もできないから、そのズレを自分で修正できずに、ジレンマに陥っていた。

当時の心情を正直にいえば、「自分が輝けるところはボクシングしかない、ならば、もう一回やるしかないんかな」という感情が、どこかにあったのだと思う。

そういう思いが破裂する寸前だったのだ。

社会人として適合できない自分への不満とボクシングへの憧憬《しょうけい》のようなものが、ぶすぶすと燃えているところに、2009年2月にひとつの事件が起きる。

ボクシング部の学生が刑事事件となる不祥事を起こして、部は1部から3部へと降格、1年間の対外試合などの自粛を決めたのである。

「やっぱボクシングをやりたいと思ってたんや」

ボクシング人生で、三度目、いや、四度目となった現役復帰を決めたときの話を続けたい。

今の東洋大の4年生が、ちょうど入学する直前にボクシング部員の不祥事が起きた。すでに入学が内定していた部員は、関東大学リーグ戦の1部で2年連続の準優勝を果たしていた勢いのある東洋大へ、高い志を持って入学を決めてくれた学生である。

それが正式入学する前に3部降格となり、しかも、1年間は試合に出られない。やめていく選手もいた。それでも、ほとんどの部員は頑張っていた。

コーチとして、そういう部員たちの姿を見ていて「申し訳ないな」と思った。

引退してからは、コーチの肩書きだったが、ボクシングを楽しむような軽い気持ちで道場に通っていた。「もう現役やないから」と、タバコも吸い始めていた。

「おまえ何しに来たんや。海外の試合で逃げ回っていたような奴が何を教えるんや」

今なら、あのときのコーチだった僕にそう罵声を浴びせかけるだろう。

コーチの僕が甘かったから、そういう不祥事も起きたのだとも思う。自戒の念が強くなった。

そして「オレはヘタレやけど部員は頑張っている。なのに、いつまでも東洋大はダメだというレッテルを貼られたままでは可哀相や」という思いが、だんだんと強くなってきた。

彼らの懸命さとプライドが僕の胸に刺さった。

誰かが、頑張って全日本選手権で優勝してくれないかとも思っていた。全日本チャンピオンが生まれれば、周囲の目も変わる。しかし、それは無責任な他人任せの考え方である。自分で切り拓《ひら》く覚悟ではない。

全日本の前哨戦《ぜんしょうせん》ともいえる国体では、一人として入賞すらしなかった。片山聡一郎というライトフライ級に強い選手がいて「片山ならベスト4には行くかもしれん。でも優勝は難しいかもしれんな」などと、いろいろと思案していたときに、ふと「それやったら、自分がやって優勝したらええやん」という考えが浮かんだ。

僕が全日本選手権で優勝をすれば、「東洋大学の職員」という肩書きが世間に出る。

「東洋大は、事件があって自粛していたけれど頑張っている」と、世間の皆さんに思ってもらい、東洋大ボクシング部の名誉回復に、少しでも役に立つことにならないか。無責任だった、これまでの自分の罪滅ぼしの思いもあったのかもしれない。

現役復帰に心が傾き始めていた頃に、ちょうど、本さんからも「実績があるから日本連盟の推薦で出てみるか」というお話をいただいた。

これも運と巡り合わせである。

僕はお付き合いを始めていた嫁さんに復帰の決意を伝えた。

「もう1回、全日本に出てみようかな」

すると嫁さんは、待ってました、とばかりに嬉しそうに背中を押してくれた。

「出なよ。グズグズしているなら出ればいいじゃない」

社会人生活で燻ぶっていた「オレが輝く場所はここではないのではないか」という思いと、「東洋大学の名誉をオレの手で取り戻したい」という願いがブレることなく重なった。

やめることも自分で決めたが、再びやることも自分の意志で決めた。

僕は、武元先生に電話をした。

「もう1回やることにしました」

「やればいいじゃないかよ」

たったひと言で電話は終わった。それで十分だった。

２００9年10月初旬。復帰の舞台に設定した全日本選手権まで、本格的な練習期間は、わずか1か月半ぐらいしかない。絶対に結果を出さねばならない試合が目の前にあるのだが、仕事は休めない。しかも、白山祭という大学祭があって一年で一番忙しい時期と重なった。

それが辛かった。どうやって練習時間を捻出するか。

朝、王子の川原へ一人で走りに行き、夜は残業が終わって、また走りに行く。その繰り返しでボクシングの実戦練習はなかなかできなかった。

技術は齢《とし》を取らないという。僕は、まずは体力を取り戻すことだと考えていた。

それでも「これでいけるんかな」とずっと不安だった。

当時の東洋大には、現在プロでやっている福本祥馬や、上川隆顕というミドル級の学生がいたので、マスボクシングなどをチョロチョロやっていた。だから、そこまで実戦感覚は鈍っていなかった。それでもスパーができたのは多くて週に三度ほど。1年半ぶりの復帰戦を前に不安しかなかった。

復帰の舞台となった全日本選手権は、２００9年11月に千葉で行われた。

嫁さんは、僕に黙って会場まで見に来ていた。もちろん、当時は「諒太！　行け！」とスタンドから叫んではいない（笑）。僕は、ずっと「試合には来ないで欲しい」と言っていたし、嫁さんも、その僕の意思に従って、ずっと試合に来たことはなかったのだが、それほど復帰戦が気になっていたのだろう。

不安を抱えたまま迎えた復帰戦だったが、僕は全試合レフェリーストップで優勝を果たす。

決勝で右手を上げられた瞬間、僕の中で忘れていた何かが鮮明に蘇った。

「やっぱこれやな」と思った。

復帰への直接的な動機は、不祥事で地に落ちた東洋大学ボクシング部の名誉を取り戻すことと、試合にも出られなくなった学生たちへのエールである。しかし、僕は優勝した瞬間、それは本心ではないと悟った。

「やっぱ自分が一番ボクシングをやりたいと思ってたんや」

真の自分の心の姿が見えたのだ。

素直に自分の気持ちに従って結果が出た。自然と、心が晴れやかになった。

ならば、次は、何を目指すのか。

「日本一は取ったんやから、次は夢の叶《かな》っていないオリンピック」

僕は独りごちた。

一回は逃げ出した。いや、中学時代から数えれば、3回もボクシングから尻尾を巻いて逃げた。「今度の今度こそは逃げ出さない」。僕はそのときに誓った。

その全日本選手権は、武元先生が、見に来てくれていた。

「やりました。先生……」

そう伝えると先生は「よかったじゃないかよ」と、また、たったひと言褒めてくれた。

努力したからといって報われるわけじゃない。だが努力しないと報われない

涙が涸《か》れるほど泣いた日があった。

2010年2月9日。

なんきん（南京都高校）の2学年上の先輩から突然、電話があった。

「武元先生が亡くなった」

当時は、練習を一人でやっていて、ちょうどNTC（ナショナルトレーニングセンター）から自宅へ帰るためにバスに乗っていた。王子のバス停で降りて、5分くらい歩いている間も、頭の中が整理できなかった。恩師の突然の死を、とても現実のものとして捉えることができなかった。

心の中をいろんな感情が渦巻いた。僕は取り乱していた。

マンションのドアを開け、嫁さんに「いったい、どうしたの？」と、聞かれた途端に、涙があふれて止まらなくなった。恩師の死を伝えると嫁さんの頬も涙で濡れた。

僕は数か月前に、全日本選手権で現役復帰したばかりだった。

直接聞いたことはなかったが、先生は、先輩方に「いつかオリンピック選手を出したい」という夢を語っていたという。その先生の夢を僕は北京五輪予選の敗退で踏みにじった。先生に何ひとつ恩返しができていない。これから、もう一度、ロンドンを目指すことで、少しでも、あのとき先生を裏切った償いができればと思っていた矢先だったのに……。

先生の生前の人柄を表すかのように、京都の田舎のインターチェンジは、告別式に向かう車で渋滞が起きた。僕は、葬儀に参列する前に母校に寄った。誰もいない道場でサンドバッグを叩いた。「こんな日だからこそ練習せえへんかったら先生に怒られるわ」と思った。

なんきん（南京都高校）のボクシング部では、毎年、2月の第3土曜日にOBが主催して卒業生の送別会が開かれていた。そこに卒業した教え子が集まることを、武元先生は楽しみにしていた。通夜や葬儀が粛々と行われたが、送別会の日程も迫っていた。OB会の中で、その送別会をどうしようかという話になったが、顧問の西井先生が「卒業生のためにも武元先生のためにもしよう」と呼びかけられた。

その会では、いつも卒業生の活躍をダイジェストにまとめた卒業記念ビデオが流される。そのビデオになぜか武元先生が映っていた。これまで一度として先生がコメントを残すシーンなどなかったのに、僕らに何かを伝えるかのように、先生はカメラの前に立ってメッセージをビデオに収めていた。それは卒業生だけでなく、万人に伝わるようなメッセージだった。僕はそれを見て、また涙が止まらなくなった。

南京都高校ボクシング部のOB会長である近藤太郎先輩が、「男前集団」というブログを書かれていて、武元先生の一周忌の日に、こんな書き込みをされていた。

一番大事なことは、武元先生の教えを心に刻み、腹に落とし込んで生きていくことだと思います。また、分相応に母校へ恩返しすることが、武元先生への恩返しにつながると信じています。

命日って「命になる日」と書きます。武元先生の教え、遺《のこ》されたご功績が命となる日です。僕たちOBが命日の今日、何を考え、何を思い、どうやって生きていくのかを、今一度原点に立ち返って考えなければならない日だと思います。

近藤太郎先輩は、お父さんが、木津市に出生届を出しに行ったときに、例文として「〇〇太郎」と書いてあるのを、そのまま書き写してしまって、太郎という名前になってしまったという、「嘘やろう?」というとんでもない伝説を持っているユニークな先輩だが、たまに、いいことを書かれる（笑）。確かにそうだ。命日が「命になる日」ならば、僕は先生から教えてもらったことをもう一度、心の中に落とし込み、原点に立ち返らねばならない。

ロンドン五輪を半年後に控えた頃、僕はプレッシャーに苦しみ始めていた。

先生の教えをしっかりと、もう一度受け止めよう。考えようと思った。

「逃げたらダメだよ」

「挑戦するんだよ」

武元先生の教えが、次々と蘇ってきた。

ずっと胸の内に留め置いていたひとつの言葉が浮かんできた。

「努力したからといって報われるわけじゃない。でも努力しないと報われない」

ちょうど、僕らが高校3年生になるときだった。代替わりのタイミングで武元先生は、部員を集めて、一冊の本を見せてくれた。

それは、『リングの言霊――逆境に勝ったチャンピオンたちの40の名言』（岸田直子著／ネコパブリッシング）という本だった。武元先生は、その本を手に持って「ボクサーって、いいことを言うんだよ。見てみろ。ボクサーは、一見バカみたいかもしれないけど、こうやって考えてるんだよ」と、ひとつ、2つと、そこに書かれた名言を諳《そら》んじて紹介してくれた。新しい1年生が入ってくる時期で、僕たちの気持ちを引き締めておかねばならない要所、要所で、武元先生は部員を集めて訓話を述べられる。そのときは、この本を題材にお話をされたので、特に印象深かった。

当時は、「ええこと言いはるなあ」と思って受け止めていたが、僕はその数か月後に武元先生が抜粋された、その言葉の意味をもう一度嚙み締めることになる。

高3のインターハイで優勝を果たした僕は、続く国体で6冠がかかっていた。

過去に高校時代に6冠を果たしたのは、僕より1学年上の、元WBC世界スーパーフェザー級王者、粟生《あおう》隆寛さん（帝拳）が、習志野高校時代に成し遂げただけ。過去の高校最多タイトルに並ぶためには、国体で優勝しなければならなかった。だが僕は、その舞台に立てなかった。出場できなかったのである。国体の本戦には、近畿ブロックを勝ち抜いた3府県しか出られない。それも団体戦で勝たなければならず、京都は近畿ブロックの予選の団体戦で負けて出場できなくなったのである。

その前のインターハイで南京都高校は団体で準優勝した直後だったので、負けるはずはなかったが、「え？」「嘘やろ？」という納得のいかない判定が続いて敗れた。僕自身は、頑張った、努力したという自信はあった。しかしその努力は、判定がどうであれ結果として報われなかった。

「努力しても報われないんだな」という無情さを少し感じた。だが次の瞬間、そこから続く文言を心に留め置いた。「でも努力をしないと報われないんだ」と。

高校時代に教えてもらったその言葉が、命日の日に強烈な光を放って蘇ってきた。

すると不思議なもので「オリンピックでメダルが取れへんかったらどうしよう」というヘタレな気持ちはどこかへ吹き飛んでいって、「結果を気にする前にやることあるやん。努力をせな報われへん」と、今やるべきことから逃げなくなった。

前述したが、人よりも1％多いだけの101％の努力を妥協せずに続けることができたのは、この武元先生の心のメッセージのおかげである。

オリンピックに旅立つ直前には、南京都高校のボクシング部主催の壮行会を開いていただき、顧問の西井先生から餞別《せんべつ》をもらった。それは多額のお金だった。

「なんすか、これ？」

僕は西井先生にそう聞き返した。

そのお金は、北京五輪の前に武元先生が、西井先生と一緒に「村田が北京に行くときに遠征費の足しになるよう餞別にしよう」と積み立てていたものだったという。

なのに僕は北京五輪に出場することができなかった。

そのお金をどうするかという話になって、武元先生は、「いいよ。貯めとけば。また、村田がやるよ」と言ったという。それほどまでに僕のことを思ってくださっていたのだ。

そのお金は、嫁さんに事情を話して、そのまま渡した。

「絶対、メダルを取らなきゃね。頑張ろうね」

嫁さんは言った。

また熱いものがこみ上げてきた。

武元先生は、ずっとずっと僕に期待してくれていた。

しかし僕は、北京五輪予選で先生を裏切り、1年半もの間、引退を決め込んでいた。

「なんで、あの北京のときにもっと頑張れへんかったんや」

僕は、天国にいる先生に向かって「申し訳ありません」と頭を下げた。

金メダルを取らねばならない理由が、またひとつ増えた。


オリンピックが終わった後に、京都にある武元先生の眠っているお墓に金メダルの報告に行った。その墓前に、奥さんからの手紙が、雨で濡れても大丈夫なようにファイルに入って置いてあった。オリンピック前にはなかったので、最近奥さんが、ここに詣でるであろうボクシング部の教え子に向けて置かれたのだろう。その手紙には、このような話が書かれていた。

試合前には、必ず校内合宿がありました。なかには、１００日合宿というものまでありました。主人は、生徒たちと一緒に学校に泊まり込みます。週末になると1週間分の着替えだけを交換しに家に帰ってきますが、「子供は？　大丈夫か？」とだけ話して、すぐに新しい着替えを持って学校へ戻るのです。

私が多少の嫌みも込めて、「生徒にばっかり気を遣って疲れないの？　大丈夫？　大変ね」と言うと、主人は、「ぜーんぜん。なんで気を遣うんだよ。身内じゃないかよ」と、答えて家を出ていきました。

今、皆さんが、武元先生、武元先生と名前を出してくれます。主人だけでなく、本当の家族だと、生徒の皆さんが思ってくれていたのですね。あのとき、主人が話していたことを思い出しました。

うろ覚えだが、そのようなことが書かれていた。涙が止まらなかった。

武元先生は、僕らのことを出来の悪い子供だと、家族だと思って愛情を注いでくれていたのだ。その愛情という名の教えを僕は、これからも胸のうちに落とし込んで生きていかねばならない。

涙など拭いて。

人生はクローズアップで見れば悲劇だが、ロングショットで見れば喜劇だ

好きな言葉に、チャップリンの名言がある。

「人生はクローズアップで見れば悲劇だが、ロングショットで見れば喜劇だ」

その瞬間や、短い時期を切り取れば哀しい出来事があったとしても、長い目で見て楽しい出来事に変えればいいという意味だろう。喜劇王チャップリンの人生経験から生み出された名言だと思う。

僕はこの名言の意味を、東洋大ボクシング部の後輩たちに教えてもらった。

2013年の春に卒業する4年生は、まさに悲劇的な入学をした年代だった。入学したと同時に部員の不祥事による1年間の対外試合出場停止となった。しかも、謹慎明けは1部から降格され3部からのスタート。大学のボクシングは1部と2部では、そのボクシングレベルはもちろん、大学対抗の華やかさや伝統の重みが天と地ほど違う。まして、それが3部となると、なかなかモチベーションは上がらない。優勝して入れ替え戦、優勝して入れ替え戦を繰り返して、最低でも1部復帰には3年がかかる。

目標がないから練習しようという気持ちにもなれないのだろう。半分くらいの学生がポロ

ポロと部を去っていった。今の2年生に至っては、部員がゼロ。一人だけ入部してくれたが、その学生も結局やめていった。1年が過ぎ、試合出場が解禁となった東洋大は3部で優勝、次は2部で優勝して、さあ！　1部へ昇格するぞ！　と順調に階段を登っていた。

だが、その1部に上がるタイミングで、次なる悲劇が起きた。

大学ボクシングのリーグ戦では、その1週間前に出場メンバー表を交換するという公式行事がある。そのメンバー表交換に主務が30分遅刻して、まさかの失格となってしまったのだ。厳格すぎるほど厳格なルールだが、遅刻したミスは取り返せない。

大失態を犯してしまった主務からは、泣きながら電話が入った。

僕は「おまえ！　何してんねん」と怒ったが、「過ぎたことは仕方ないから、とにかく帰ってこい」と返事すると、その学生は頭を丸めて学校に戻ってきた。

メンバー表交換は、午後1時だったのに寝坊したらしい。

その1試合の失格で、東洋大は1部昇格のチャンスをまた1年間逃すことになった。

僕はガミガミ怒るだけでは、何も解決しないと思った。

メンバー表交換役を、2人にしておけばよかったのかもしれない。誰か気づいて起こしてやる仲間がいてもよかった。遅刻したことに弁解の余地はないが、原因を考えればそれだけではない。そこで叱って、本人が失敗したことから逃げ出しては何も始まらないのだ。

コーチングはガミガミ言うべきじゃない。

選手は自分で気がつき、「自分でやるんだ」と主体性が生まれたときに伸びる。自分がそうだったから、それはよくわかる。「木の上に立って見る」と書いて親という文字になる。まさにちょっと親のように、遠くから見守ってやることが望ましい。

口でやいのやいの言ってもついてこない。

コーチとなった最初の頃は、「おまえはこれがあかん。これをするな」と、怒ってばかりだった。でも怒っても選手に「気づき」はない。黙って見守ってあげるのが理想だ。

その彼らが勝負の最終学年を迎えたときに、劇的な変化が起き始めた。

何回か「もうやめる」と部を逃げ出したことのある問題児だった一人が、自分から「試合に出て勝つんだ」と言い出した。ミドル級の上川隆顕《かみかわたかあき》だ。ボクシングセンスは僕よりもある。リーグ戦は各階級での対抗戦だが、2部では人が揃わないためミドル級がなく、最重量級は、69キロがリミットのウェルター級だった。

上川は、普段、85キロくらい体重がある巨漢だが、69キロに体重を落として2部のリーグ戦に出たいと志願してきたのだ。その上川に刺激を受けたのか、一気にチームに火がついた。部に一体感が生まれた。「落とさんかい！　アホ！」と、ガミガミ言っても体重調整のできなかった選手たちが主体的に減量に取り組み、2部のリーグ戦で優勝を果たした。そして1部との入れ替え戦にも勝って、昇格を決めたのだ。

しかし、1部での試合は2013年から。今の4年生はついに1部を経験しないまま卒業することになる。キャプテンの田中智博は、なんきん（南京都高校）の後輩である。僕や中坊拓也を慕って入学してくれたのに、4年間で1部では試合ができなかった。恨みつらみはあっただろう。「これからボクシングは続けるのか」と聞くと、「僕はやりきりましたよ」と笑顔で言う。

振り返ってみれば、辛いときにも、いつも明るさを失わなかった選手が頑張っていた。ネガティブに暗い選手ほど続かなかった。不思議なようだが、悲劇を喜劇にするような明るい人格やキャラクターが、そういうプラスの力につながるのかもしれない。

彼らは、数々の悲劇を4年というロングショットで喜劇に変えた。

4年たった今、数々の悲劇を「やりきりました」と、どや顔で語ることができる。この先、人生で何があっても、彼らはこの4年を忘れないだろう。そして酒を酌み交わしながら、「あんときはなあ」と、笑って思い出話を語るだろう。

悲劇を喜劇に変えるのは、結局は、己次第。戦いを放棄せず、逃げずに継続することだ。

「継続は力なり」という言葉があるが、何度もやめる、やめないを繰り返しながらも逃げ出さずに4年間をやりきった彼らは、悲劇を見事に喜劇に変えてくれた。

ここまで書いていて、自分でも、「ええ話やなあ」と思う。きっと、読んでいただいた読者の方も感心してくれたかもしれないが、種明かしをさせてもらうと、チャップリンの名言は、テレビの「人生が変わる1分間の深イイ話」で、やっていた話なので悪しからず、ご勘弁を。

すべてを理論化して納得してから行動する

社会人でありながら競技を続けることは難しい。給料をボクシングでもらっているわけではないから、与えられた仕事はちゃんとこなさなければならない。

社会人とボクサーの二刀流生活。

全日本で現役復帰を遂げたが、その環境は想像以上に過酷だった。

それは時間との戦いだった。

通常の勤務時間は、9時から5時だったが、仕事が5時に終わると、当時、練習場が朝霞にあったので、白山のキャンパスから朝霞までバイクで通った。電車代の節約と少しでも時間を短縮することが目的だった。残業があるときは練習に間に合わない。一人で河原を走ったり、鉄アレイを持って河原でシャドーボクシングをしたりした。フルタイムで働いた後の練習時間をどう捻出するかに工夫をしなければならなかった。

午後3時から午後9時までという時差出勤もあったが、そういうときには、午前中は自衛隊に行って練習をし、仕事を終えるとスーツをリュックに入れて、ジャージに着替えて走って帰った。その頃こんなことがあった。

ランニングしていると、誰かがポンポンと肩を叩くのだ。振り返ると、誰もいない。真っ暗闇。かなりのスピードで走っているのに……ついてきているものがいるはずがない……。疲れてんのかな……オカルト話は信じないが、何か怖くなった。そういえば、口裂け女は、時速100キロで走るという都市伝説もあったよなあ。しかし、また誰かが肩をポンポンと叩く。

「誰かおるんか！」と、よーくよーく見ると、走っている振動でリュックのチャックが下がって開き、中にあったズボンのベルトが出てきて、それにパチャパチャと肩を叩かれていたのである。

白山のキャンパスから王子駅まで、約30分くらいの距離。途中で、飛鳥山公園でシャドーボクシングをする。ベルトを幽霊に感じるくらいに体力的にきつかった。

その頃だったか、嫁さんから「今朝のグッときた言葉」という題名でのメールが来た。

「大変という漢字は、大きく変わると書くのよ。諒太も、今は大変な時期だけど、これを乗り越えれば、大きく変わるんじゃないの？　頑張ろうね」と書かれていた。

「たまにはええこと言うやんか」

感激したが、後から聞けば出所はテレビの番組だったらしい（笑）。


僕は限られた時間の中で、どうすれば強くなるかを考えた。

ビデオや動画をよく見て研究した。海外の選手の試合動画だけではなく、どういうトレーニングをしているかとかいう映像も参考にした。

相手がいないときは、一人で行うシャドーボクシングが主な練習となるが、その場合もエアボクシングではないが、実際の試合を想定して、考えながらパンチを出し体を動かす。相手がいないからこそ、普段の練習から実戦をより意識してやることになる。

そういう一人で練習をする環境だからこそ、気づくことが多くなる。常に実戦を想定しておくという習慣は、今となっては大きなプラスだった。

そこでつながっていくのが、理論化へのこだわりである。

何のためにこの練習をするのか。

どういう理由で、このトレーニングをするのか。

僕は、理由なき練習はしない。すべてを理論化して納得してからでないと行動には移せない。これは、コントローラータイプといわれる人間らしい。先に答えを知りたい。その上で、意味を考えて、理論化してからトレーニングをしたいのである。

高校時代は武元先生に言われたことをやるだけだった。

大学時代は、一人で考えて練習をしなければならない環境に置かれたが、そこまで深くは考えていなかった。

理論化にこだわるようになったのは、再起を決めた後。社会人として練習時間が限られる中で、強くなるためには何が必要なのかをない頭を絞って考えに考えたときに「無駄なことはできない」という結論に至った。無駄なことをしないために、すべてを理論化して、「納得のできないトレーニングはしない」というスタイルに行き着いたのである。

といっても、数学のような正解があるわけではない。理論化も手探りで、なかなかどの理論が正しくて、どの理論が間違っているのかもわからなかった。

例えば、ウエイトトレーニング。ボクサーは、昔から余計な筋肉をつけるとスピードがなくなる、減量に響くということもあって禁断とされていたが、僕は減量に苦労しない体質で重量級だから、一人で現役復帰したときには、ガンガンやった。

ベンチプレスを110キロまで上げるくらいに鍛えたが、それに比例して、ボクシングが強くなったかといえば、そうではなかった。

逆にウエイトトレーニングをやることによるリスクを実感した。ベンチプレスは、ウー、ウーと最初から最後まで踏ん張り続ける。動きが、すべて終動的なのだ。

ボクシングに、そんな踏ん張り続けるようなシーンはない。むしろインパクトの瞬間に最大の力を発揮できるように動くべきで、それがパンチのスピードにつながる。1から10まで力を入れてしまうと、力みとなって、スピードが鈍る。

いらない筋肉もついた。肩や背中や腰の故障も増えた。

鏡を前にナルシストのようにムキムキポーズをするときは恰好がいいかもしれないが、そういう見せ掛けの筋肉はいらないと思った。

正確にいえば、筋肉は必要だが、その使い方を間違えるなということである。

スポーツ科学の見地からは、筋肉があった方がスピードもパワーも出るといわれる。一方で、ボクサーの世界では筋肉をつけたらスピードがなくなるという。しかし、これは嘘だ。筋肉があった方が、絶対に速い。しかし、そうならないのは、筋肉のつけ方と、使い方に問題があると考えた。筋肉は収縮するとパンチのスピードを生み出せない。力まないことが、スピードにつながるのである。

僕は「意味ないやん」と、ウエイトトレーニングをやめることにした。

代わりに取り入れたのが、初動負荷理論に基づいたトレーニングである。

きっかけは、イチローさんが、そのトレーニング方法を取り入れているのをテレビか何かで見たことである。池袋に専用のジムがあることを知って、飛び込んだ。そのトレーニング理論は僕に合っていた。

発案された小山裕史氏の定義は、文章にすると難しいので割愛させてもらうが、簡単にいえば、ガーッと最後まで力を入れたままトレーニングをやらずに、ガッ、シューとやるトレーニングである。もっとわかりにくい（笑）？　つまり「力む」という悪いクセを消すトレーニング方法である。

初動負荷トレーニングにより筋肉が柔軟性を持ち故障が減った。

では、初動負荷トレーニングがすべてかといえばそうではない。トレーニングは人それぞれが必要とするものによって違ってくる。フィジカル面を鍛えた方がいいという選手もいるだろう。ようするに試行錯誤を繰り返しながら自分にはどんなトレーニングが適しているかを見つけ出すことが重要なのだ。これをやればOKだという正解はない。

この年になってこそ、「考える」「理論化する」ということができるようになった。それが経験であってベテランの強みといえるものかもしれない。

しかし、今なお、スポーツには謎が多い。

逆にいえば、スポーツ科学で証明できるものが少ない。なぜ、人はダウンするの？　なぜパンチ力に差があるの？　体幹や瞬発力のトレーニングの研究が進んで一般的に広まっているが、では、どのトレーニングをやれば強くなるのかに答えはない。

ボクシングは2本の腕だけでやるスポーツだが、フックとアッパーでは腕の角度も違うし、下半身や体幹との連動などを考えれば、使う筋肉は複雑だ。

僕は、すべてをできるだけ理論化しようとしているが、できないものが、まだまだ多い。ならば勉強するしかないだろう。今後の人生の選択肢として、アメリカやイギリスに留学して、そのスポーツ科学の最先端を勉強したいと考えているのは、その不満から生まれているものである。

街で3人に囲まれたときにどうするか。考えることがヒントになる

コーチやトレーナーとは、信頼関係が必要だろう。この人の言うことは何でも受け入れたいというような信頼関係がなければ、アドバイスも心に落ちてこない。僕には基本的にトレーナーといわれる人はいないが、東洋大には東郷武総監督がいるし、2011年からは、金《きん》城《じょうしんきち》真吉監督が来られていて、2人の存在はとても頼もしい。東郷総監督のおかげでボクシ

ングに専念できる環境ができた。自分でボクシングを考えるためのヒントになるアドバイスもくれる。

金城監督は、長く沖縄で興南高校や沖縄尚学高校などのボクシング部を見られている伝説的な指導者で、多くの名ボクサーを育てられた。その指導法は、一種独特である。

まず答えをくれない。自分らで考えろというわけである。

部員が、鏡を前にグローブをつけずにいろんなパンチを繰り出すシャドーボクシングをしていると、金城さんは、「ああ、ちょっと止まれ」と、練習を止める。

「今、お前らは、シャドーボクシングを一生懸命してるさ。打ちながら鏡を見るさ。これは何の練習をしているんだあ」

沖縄の方言の入った独特の口調で問いかける。

「フォームを気にしてるのか、相手を気にしてるのかどっちだ？　フォームを気にしてるんだったらフォームを徹底的にやれ。体操の延長みたいにやっているなら意味がない」という話から始まって、「おい！　試合で接近戦は何分ある？」と聞いたりする。

部員が「1分から1分半ぐらいでしょうか」と答えると、「じゃ、1分から1分半、接近戦を意識してシャドーすればいい」と教える。

練習とは試合で勝つために行うもの。では、その実戦をより想定した練習とは何か。意識は、いつもそれだ。

漫談のような喩《たと》え話も、とても勉強になる。

例えば、「街で悪い奴3人に絡まれた。どうするか」と部員に問う。

「オレならまず逃げる。あと裏路地を探してそこに逃げ込むさ。狭いから1対1さ。3人を一気に相手にしたら勝てないけれど1対1で正面で向き合ったらボクサーは負けないさ」

では「相手が2人だったらどうする？」と問う。

「まず一人を潰しておけ。するともう一人はビビって逃げるさ」

つまり、ボクシングの根本には、**闘争本能が必要であって、戦いで勝つためにはどうすればいいかを考えることが練習方法を変え、ひいては試合でのヒントにもなる**というわけだ。

2年前だった。

金城さんにこんなことを言われた。

「おまえはカウンターを打てないなあ。できてない。一歩遅れて打てない。前に行くパワーはあるけれど、相手に対して、『こいつはカウンターがあるから』と警戒させる怖さがない」

確かにそうだった。

相手が疲れたときに、カウンターを打つと、反撃の手が出なくなる。僕は、そのアドバイスを積極的に取り入れた。注意深くボクシングを見られているから、そういう部分を見抜く。

金城監督は、ヒントは与えるが、あとは、それぞれが考えて自分に合う感覚のものを身につけなさいというスタンス。カリスマ的な指導者である。

ただ、話がむちゃ長い。いつも、すっかり汗が引いてしまって体調を崩してしまいそうになるのだけが、玉に瑕《きず》なのだが……（笑）。

第5章　家族と友

夫婦円満の秘訣は、男が金を持たないこと

妻の佳子があっての僕である。この本は、必ず妻も読むから、そう書いておこう（笑）。嬉しいことに嫁さんはボクシングへの理解がある。彼女曰《いわ》く、僕は好きなことをやっているときの方が輝いているそうだ。ただ、試合で受けるダメージは心配している。酔っ払ってわけのわからないことを言うから、「この人、殴られすぎて頭がおかしくなっちゃったのかな？」と、本気で心配してくれている。

料理など食事面でのサポートも助かる。彼女は肥《ふと》らないように食事にも気をつけていて、食事はまず野菜から食べる。僕もそう。血糖値を急激に上げないために、野菜や豆腐から食べて、主菜、次に主食（ご飯）に移る。そういう食べ方を嫁さんがしているから、僕も「食」を意識できる。食の話を少しするとカロリー計算や、厳密な栄養計算のようなものはしない。ボクサーの中には、スタミナを考えて、試合前にカーボローディングなどの細やかな栄養や食事法を試みる人もいるが、僕はやらない。

その日、何を食べたいか。体が欲するものに従う。そういう感性を大事にしている。嫁さんも、僕の食の好みをわかってくれている。

肉も好きだが、僕の大の好物は、みかん。真冬に、こたつとみかん。この組み合わせが至福の瞬間である。小学校2年生のとき、給食で4分の1程度にカットされた、はっさくが出た。僕が大好きで、いっぱい食べるものだから、みんなが面白がって「オレの分も」「私の分も」と、次から次へとトレイの上に並べて持ってきて、ついに合計13個を食べたことがある。逆に苦手なのは、かぼちゃにさといも。特に煮物と酢の物がダメだ。

そして、嫁さんは、ケーキなどのお菓子を作るのが抜群にうまい。元々、嫁さんは大酒飲みではないが、試合前に僕が禁酒をしているときなどは、彼女も気を遣って酒を飲まない。「どっかに連れていけ」だとか、「遊びに行きたい」だとか、世間のご主人方が困っているような不満や不平、無理な要求なども一切ない。

こうやって、改めて考えてみると、よくできた嫁さんである。

家族の存在は言葉では語り尽くせない。

だが、ボクシングという競技で勝つため、強くなるためのモチベーションに「嫁さんのため、息子のために戦う」という理由はないといっていい。ボクシングをやっているモチベーションの100%が、自分のため。強くなりたい、世界一になりたいという自己実現欲である。

あえていえば、その100%の上に、「おれには家族もいる、支えもある」という気持ちがプラスアルファになっている。いわば追い風。世界という激しい逆風に向かっていくための追い風だ。それは凄い力である。僕が「子供のために」などと思うのは、息子へのプレッシャーにもなるだろう。だから「なぜボクシングをするのか」の答えに「子供のために」もない。

小さな夫婦喧嘩は今でもちょくちょくあるが、基本的には円満夫婦。夫婦円満の秘訣は間違いなく、男が弱く女が強いこと。それと男が金を持たないことに尽きる。結婚している男が、自由になる金を持つとろくなことがない。いらんことしかしない（笑）。

僕は銀行のキャッシュカードも持っていない。小遣いも基本的にはなしだ。

今日は後輩と飲みに行くからちょうだい。今日から遠征があるからちょうだい。そんな感じで必要なときに嫁さんに申告する。最低限しかくれないのだが、それで大丈夫である。

「ずっとこの街で2人で一緒に暮らしていこう」

嫁さんからは、「ちゃんと正式なプロポーズをしてくれないと結婚は無理」と言われていた。

僕は演出を考えた。

レストランで、テーブルクロスをさっと引き、そこに指輪が、ぴょこんと出てくる。かくし芸大会で、堺正章さんが成功していた芸。本気で挑戦してみようと計画したが、やはりそれは無理だ（笑）。

社会人となって3年目のバレンタインデーの夜だった。

僕は奮発してヘリコプターをチャーターした。新木場あたりから、嫁さんと2人で乗った。高度約600メートル。まだスカイツリーはできていなかったが、東京タワーや、新宿の高層ビル群がまるで宝石のように輝いて、とても綺麗《きれい》だった。東京の街を空中クルージングである。そんなロマンチックな夜空から東京の街を見下ろしながら僕は、こうプロポーズした。

「僕は奈良の人間だけど、これからはずっと、この街で2人で一緒に暮らしていこう」

書いていて恥ずかしくなるが、何とロマンチックなのだ。そう思いませんか（笑）？

しかし、よくよく考えれば、僕は高所恐怖症だった（笑）。

僕は高所恐怖症、閉所恐怖症である。

といっても、飛行機やヘリコプターのように遥かに高いところで、密閉された空間なら、そう恐怖心はない。怖いのは、日常の高所。例えば、ジェットコースターやビルの谷間や、階段の下まで見通せるような踊り場とか。「ほんまに落ちたらどないなるんやろ」という場所が震えるくらいに怖い。

　バンジージャンプなどは最悪である。

　2012年、ロンドン五輪直前の韓国合宿。

　宿泊ホテルの目の前に小さな遊園地があった。

　高校7冠で、大橋ジムからデビューしてスーパールーキーとして話題の井上尚弥《なおや》や須佐先輩が、そこの遊園地にある逆バンジーをやり始めた。上から落ちるのではなく、下からビューンと、ゴムで空中に放り出されるという逆バンジー。両側にクレーンを立てて、そこにゴムをひっかけたような、どう見ても、安っぽい感じの遊具で、「怖すぎるわ。ようやるな」と我関せずだったが、合宿の最終日に、突然、心変わりした。

「ここでしかでけへんからやっていこう」

　井上尚弥に付き合ってもらった。

　手汗が半端じゃない。怖かったけれど、夜空に放たれる気分が、気持ちいいといえば、よかったのである。でもその一方で、やっと終わったという安心感もあった。やれやれと思って、器具を外そうとしていると、よほど暇だったのか、係員が、「ワンモア（もう1回）！ノーマネー（無料）！　ＯＫ！」と言うではないか。僕も僕で、高所恐怖症のくせに、調子に乗ってもう1回跳んでみた。さらに爽快感が増した。これぞショック療法である。

高所恐怖症が、かなり克服できた気持ちになった。苦手なもの、怖いもの……逃げずに懐に飛び込んでみるものだ。そういう場所にこそ、解決のヒントが潜んでいる。

ロンドン五輪の本番では、やはり緊張するだろう。

小心者の僕は、ここで度胸試しをしておきたかったのかもしれなかった。

話はまた横道に逸れたが、2010年7月に、僕らはハワイで身内だけで結婚式をした。僕はその2日前まで、カザフスタンで行われていたプレジデントカップに出場していた。嫁さんは、旅立つ僕に「頼むから怪我しないでね」と言った。

さすが生涯の伴侶や、ええこと言うやんと思っていたら、「だって、結婚式の写真は一生残るから」と。それかい（笑）！

プレジデントカップでは、2回戦でカザフスタンの選手に負けた。負けるということは打たれたということだが、目と鼻が少し腫れたぐらいで、結婚式の写真には、差し障りのない顔でハワイへと向かった。

当時、24歳。嫁さんが28歳。

早婚かもしれないが、僕は、出逢った瞬間に、「この人と結婚する」と運命を感じていたし、第一、子供が大好きで子供が早く欲しかったので早いとは思わなかった。

嫁さんは、腹が立つくらいにポジティブである。例えば、テーブルの上にお茶をこぼしたとしよう。普通なら「ごめん！」となるところを、この人は、「凄ーい、テーブルの上にこぼれたから下に落ちなかった」と、全部を全部、自分に都合のいいように考える。そういう性格の人が隣にいることで、ただでさえ感化されやすい性格の僕は大きな影響を受けた。

すっかり有名となった「金メダルを取りました。ありがとうございました」と、過去形で書く未来日記にしてもそう。究極のポジティブ思考である。

教育方針は「好きなように生きろ」

僕には可愛い子供がいる。

結婚して、すぐに子供を授かった。

僕は子供が大好きで、子供が欲しかったので飛び上がるほど嬉しかった。

息子には、晴道と名づけた。晴という字には、おおらかに、小さいことを気にせずに育って欲しいという思いを込め、道という字には、人としての道を外さず、義理人情を大切にする人であって欲しいという願いを込めた。

願わくば、嫁さんと一緒に晴道も、ロンドン五輪に来て欲しかったが、風邪が原因で日本待機となった。大会前に保育所に行ったら、全員が鼻水を出していたので、ヤバいと思っていたが、案の定だ。日本で面倒を見ていたオヤジが、「パパ！」と、テレビの画面の僕に向かって言わせようとしていたらしい。1歳と少し。まだしっかりと喋れないのだが、パパの顔はもう判別できるという。

帰国後、『ボクシングマガジン』の表紙に、僕、世界バンタム級の統一ドリームマッチを戦った西岡利晃さん、ノニト・ドネアの3人の顔写真が掲載されていたので、「パパはどこにいるか、言ってごらん」と、催促すると、「パパ！」と声に出して指差した先は、ドネアだった。なるほど……確かに、それっぽい顔はしているけれど、その人フィリピン人ですから。ああ、そうか。ドネアのような超スーパースターになって欲しいという息子の願望ですか（笑）？

家では、家事はしないが、晴道をお風呂に入れることと、重いものを持つことが僕の仕事。僕と晴道の2人には、誰も入ってこられない神聖なお風呂の世界があった。顔や体を綺麗に洗った後で、晴道は気持ちよさそうに腕の中で寝てしまう。しかし、僕の仕事が忙しくて、しばらく晴道をお風呂に入れていない間に、嫁さんが、お風呂遊びを教えてしまっていた。スコップで遊んだり、いつまでも水遊びを続けて、一向に顔や体を洗わせてくれない。

「いつのまに、こんなことになってしまったんや。オレとハルミチのお風呂の世界を返してくれえ！」

僕は心の中で叫んだ。

教育方針は、「晴道の好きなように生きればええ」。何をやれでも、何をやるなでもない。人として道を外さなければ、それでいい。

前述したように、親という字は、木の上に立って見ると書く。僕は、そういう気持ちで我が子を見守りたい。

自由に育てたいなと思っている。

その考え方を辿っていけば、僕のオヤジの教育方針があった。グズグズの家庭環境だったから腹を立てたこともあったが、今ではそれも過ぎたことで、むしろ両親には感謝していることが多い。ひとつは、自由奔放に育ててもらったことだ。

長兄と次兄は、厳しく育てられた。しかし、三男ともなると、あきらめていたのか、面倒くさかったのか（笑）、かなり自由に育てられた。

僕にはオヤジの放任教育がよかった。

中学1年で金髪にしたとき、先生には怒られたけれど、オヤジは怒らなかった。

「金髪はかまわん。見た目はいいけど、行動、中身まで人間を外れたら、あかんぞ」

それを言われただけだった。

兄弟喧嘩もしょっちゅうで、ある日、こたつに入っていると、兄貴が何か言ってきたので、「あん？」と、下から睨《ね》めつけるようにして、偉そうな態度をした。

それを見て、あなたはブッダかキリストの生まれ変わりですか、と思うほど優しかったオヤジが豹変した。血相を変え、僕を押し倒して馬乗りになった。押さえつけられ、「この髪の毛を全部切ってまうぞ！」と、怒鳴ったのだ。

「金髪はええけど、そういう態度はするなと言ったやろ」

そういうオヤジが、僕は好きだった。

レールから外れているかどうか。金髪は校則から外れているけれど、もっと大事なものからは外れるなと、そういう愛を感じた。何やかんやありながらも家族に愛された。それがよかったと思っている。

僕は、息子にも、そういう本人の意思に任せる教育方針でいたいと考えている。

子供のことでよく聞かれるのが、将来ボクシングをやらせたいですか？　という質問。やるもやらないも本人の自由だが、願望としては、できればボクシングだけはやらないで欲しい。金メダリストの息子。そういうプレッシャーを背負ってボクシングをするのは、きっと辛いだろう。

自分の体験からいえることは、子供の教育は夫婦が喧嘩せず手を取り合ってやることである。幸いにして、嫁さんも子供の教育については放任主義だ。彼女は、カナダへの留学経験があるせいかもしれないが、ある意味、アメリカナイズされている。

友とは、見えないほど細い糸でつながっていればいい

絆《きずな》という言葉がある。

絆という文字は、糸に半分と書く。ただでさえ細い糸のその半分なのだから、ほとんど見えないくらい、細いものなのだ。

どこかしらでつながっている。普段は気にするものではないが、切れていないから、手繰り寄せればつながっていることを知るだろう。

それが絆。日本中が絆という言葉で一致団結する。いい言葉だ。

友とは、つかず離れずが、ちょうどいい。

べったりは気持ちが悪い。大事なとき、ふと思いついたときに連絡を取り合って、「久しぶりやな？　飲みに行こか？　予定空けるわ」の距離感でいい。

ボクシングでいうなら中間距離。

僕にも、見えないくらい細い糸でつながっている友が何人もいる。

なんきん（南京都高校）のスポーツコースのクラスメイトに、出席番号が近かったことがきっかけで仲よくなった某運動部のTという男がいた。愛すべき好漢である。Tとは青春を謳歌《おうか》した。

とある休みの日に、僕はTとツーリングに出かけた。

計画性はゼロ。「どこ行こか？」「そや。琵琶湖行こうや」となった。何かわからないけれど、だいたい、こういうときに若者が向かうのは海か湖である。

いい加減だから地図も見なかった。だいたい、あの辺やろうと、行き当たりばったりで、京都の山を越えていったが、一向に琵琶湖など見当たらない。

「琵琶湖はどこや？　どこ走っているかもわからんわ。そろそろ帰ろか」

そう言って山を下り始めた瞬間、目の前に琵琶湖の絶景が広がってきた。

その光景を見た途端に、ブワーッと急上昇した青春時代のテンションは忘れられない。適当に何十キロも走っていただけだったのに、さすがに日本一広い湖である（笑）。

11人いたボクシング部の同期メンバーは、全員３年間の苦楽を共にした仲のいい友だが、Yという男とは、特に仲がよかった。卒業後も交友は続いていて、ついこの前も京都で飲んだ友である。

青春ドラマには、つきもののような話だが、僕らの出逢いも喧嘩から始まった。

彼は、ボクシング部の合宿中にいらんことをしてきた。練習で、めちゃくちゃ疲れているのに、僕のお腹の上に陰部の毛を載せてきたのである（笑）。そりゃ切れる。反射的に本能に従い思い切り殴り飛ばした。それ以来、部内では「村田は、怒ると凶暴になる男」と認識されたらしいが、だいたい、男と男はそんなことがきっかけで親友になってしまうものだ。

Yは私生活でいろいろあって、大酒を飲んでは「オレなんか、どうなってもええ」と、さすがに心配になるほど、自暴自棄になった時期があった。

「オレは親友を失いたくない。早まるような真似は、絶対にやめてくれ」

彼の酒に付き合い、励ました。こういうときに助け合うのが親友。普段は罵り合っていればいい。いいときには人は寄ってくる。本当の友達とは、苦しいとき、悪いときに助け合える人だと思う。

東洋大時代には、藤田真三と小林大樹という同期の親友2人と出逢えた。

あれは大学3年のときだった。単位の取得が書かれた成績表を真三と2人で一緒にもらいに行くことになった。お互いに卒業するには、あと84単位を取らねばならないが、取れているかどうかが微妙だった。僕は経営学部で、真三は経済学部。学部でいえば、奴の方が若干、難しい。

お互い結果を見るのが不安だったので、まず成績表を交換して、相手の単位の取得結果を先に見てやろうということになった。

「たとえ、どんな結果でも笑って報告し合おうや。それは守れよ」

こっぱずかしいが、青春ドラマのワンシーンのような熱い男と男の友情物語である。

真三の成績表をぱっと見た。単位は84どころか、どう見ても七十いくつしかない。

「え？　嘘やろ？」

僕は正直だから、それがモロに顔に出てしまった。

「どんな結果でも笑う」という約束を守れず、僕の顔はひきつっていた。そして、次に出た苦しい台詞《せりふ》が「この成績表の単位は、どうやって見るんやったっけ？」だった。

東洋大の単位評価は、ＳＡＢＣＤＥで、Ｃまでが単位として認められる。真三の成績は、Ｄだらけだった。女性ならＤカップは喜ばれるだろうが（笑）……励ます手立てもなかった。

僕の方はといえば、幸いにも卒業単位が揃っていた。

まじめに授業に通ったと、とても胸を張ってはいえないが、東洋大の教授陣には素晴らしい先生が揃っていて、特に印象に残っているのが、必修語学の英語の授業である。その先生には「英語のラジオ番組を週に一度、必ず聞きなさい。英語に慣れてリスニングの能力を身につけなさい」と言われた。そしてその際、「内容に興味を持ち、単語の意味がわからず困ったときにだけ、辞書を引きなさい」という約束事を付け加えられた。

確かにそういう手順を踏んで覚えた単語は忘れない。〝学ぶ〟ということが、主体性と強く結びついている教育の原則を教えてもらったのだ。それは、ボクシングで強くなるための原理原則にも通じるものだった。

大学2年から国際試合が増えて、海外遠征は合計十三度。現地で調整練習もするからどうしても語学が必要になってくる。だから、暇を見つけては英語を勉強するようになった。実のところ本当の動機は、現地の言葉で外国人をナンパしたかったのである。いやいや、書き間違えた（笑）。現地の人とコミュニケーションを図りたいと考えたのが発端だった。

海外の街で、日本ではお目にかかれないような美女を前にしながら、そこで話しかけることもできない日本男児って「どうなんだ」という気になって英語を覚えようと思った。

英語の本なども読むが、アスリートのコマーシャルで有名なＣＤも重宝している。それは英語とそれを訳した日本語が、ストーリー仕立てで交互に流れるＣＤで、聞いていると、どんどん英語が理解できていく。嫁さんは、中学時代から海外経験が豊富でカナダに留学経験もあって、いろいろとわからないことを教えてくれる。

その英語の達者な嫁さんからいわせると、僕の英語はメキシコ人タイプらしい。

文法や、過去形、未来形なども正確ではない無茶苦茶な英語だけど、伝えたいことを必死に相手が理解するまで、徹底して言い続けるから、何とか通用する。

「文法が間違っていないかな」「通じるやろか」と考えて臆するのではなく、適当だけど、必死に喋り続けていれば、そのうち相手が理解する。そんなハチャメチャな英会話術は、メキシカンに似ているそうだ。自慢ではないが、アマチュアボクシングの日本選手団では、僕が一番、英語ができるから、海外遠征では、みんなの臨時通訳のような存在でもある。

英語だけでなく、旧ソ連圏にも、三度行っているので、ロシア語もいくつかは覚えた。美しいとは「クラスイーバ」という。タイ語でも「綺麗」を意味する「スワイ」を真っ先に覚えた。

好きこそものの上手なれ（笑）。

昔の人はいい言葉を残している。

話がまた脱線してしまったので友の話に戻す。僕は結婚式を身内だけでハワイで行ったが、藤田真三が音頭をとって帰国後、パーティー会場を借り切って100人以上が集まる盛大な1・5次会のようなものを開いてくれた。

その友も、昨年、結婚したのだが、その挙式日は、僕の長男が生まれた翌日で、僕は病院で出産に付き添い一睡もしていなかった。しかもその日は、大学のリーグ戦とも重なって、僕はヘトヘトだった。するとそれを知った奴は、「悪い。あいにくおまえの席はないんや」と連絡してきた。僕はそれでも出席したが、なんというええ奴やねん……その男気に泣きそうになった。そしてその昔、ベロベロになって立てなくなった友を階段の踊り場にほったらかしにして帰った夜のことを大いに反省した（笑）。

小林大樹は、鳴り物入りで東洋大に入ってきた選手の一人で、大学2年で国体準優勝を果たした。東洋大は自主性を重んじる練習環境で、春休み以外は朝練習もなかった。

「こんな練習ではあかんやろう」

そんなオーラをぷんぷん出していた生意気な僕と一緒に練習してくれたのが、小林だった。

実績のあった選手ゆえに志は高い。

「オレは大学でも活躍したい。試合に出たい」

そういうモチベーションの高い選手で、「オレらだけでも走ろうか」となった。

朝霞の河原を数え切れないほど共にロードワークした。

出版社の方からは、親友との感動話を書いて欲しいとリクエストされたが、よーく考えても一緒にやったアホな物語しか出てこない。そう、親友とは絆。絆という字は、糸が半分と書く。それくらい細いが、手繰りよせればちゃんとつながっているものだから。

ああ、何と感動的なまとめ方なんだろう（笑）。

ポジティブな考えが運を引き寄せる男、清水聡

親友というより盟友。

ロンドン五輪のバンタム級銅メダリストの清水聡とは、そういう仲だ。同じ年齢で五輪後も、いつも番組やイベントで一緒になるし、飲みに行ったら、とことん。気がついたら朝だったということもある。ロンドン五輪の選手村では、3LDKのマンションのような宿舎の一室で清水と同室だった。それまでの海外遠征でも、ほとんど清水と同部屋で、初めて一緒になったのが、2005年のタイで行われたキングスカップ。大会が終わった最終日にバンコクの繁華街に気分転換に出掛けた。タイの街では、なぜかボクサーはモテる。僕らが揃って歩いていると、ナイスなタイ美女に逆ナンされた。

時間は午前2時。翌日の帰国便の出発は早朝だった。初めての海外遠征で遅刻は最悪だし、「もう帰って明日の出発の用意をしようや」と呼びかけたが、清水は「もうちょっとええやん」と鼻の下を伸ばして帰ろうとしない。その大会で僕は銀メダル。あいつは1回戦負けでウサを晴らしたかったのかもしれないが、だんだんと腹が立ってきて戦闘モードに切り替わった。中学時代を思い出して全力で、清水の肩にパンチを放った。〝肩パン〟といわれるパ

ンチである。

周囲の先輩方が、それ以上エスカレートしないように止めてくれて、ようやく清水も帰ることに同意したが、彼とのかかわり方は、そんな気まずい喧嘩からだった。


清水はずうずうしいくらいの超ポジティブ男である。

どんな試合でも勝てると思うのだから羨ましい。

彼も数年前までは、お世辞にも強いとはいえなかった。ほとんどの試合がレフェリーストップ負けだ。それが、ある大会をきっかけに超ポジティブな思考が結果に現れ出した。

北京五輪のアジア1次予選。

準決勝の相手は、カザフスタンのガリフ・ジェファロフという強豪だった。

僕らは裏で「無理やろう」と陰口を叩いていたが、本人は「オレは行ける！」とどこ吹く風。そのくせ、減量が厳しいというのに汗出し用の減量着すら忘れて持ってきていない。

実際の行動は「勝つ気あるの？」というものだったが、ポジティブな自信は、相変わらず大きい。試合が始まると、僕らの予想通りボコボコである。1－19でRSC負け寸前まで追い込まれたが、右のパンチ1発で、相手が目尻をカットして流血。ドクターストップでの奇跡の逆転勝利となり、北京五輪出場を決めてしまったのである。

「オレは行ける」と常に思っているから、そういう運を引き寄せるのだろう。その北京五輪では「どう見ても勝っているだろう」という試合を負けにされた。それでもポジティブさを失わないから今日の結果につながっている。

　ロンドン五輪の判定が試合後の抗議によってひっくり返った試合もそうだろう。オリンピック史上に例のない、ありえない出来事が清水の場合は起きてしまう。

　その運のよさが羨ましくて、本人に一度、直接聞いたことがある。

「なんで、そんなにおまえは運がええねん」

　彼は鼻を思い切り高くして偉そうに答えた。

「村田君！　運はもらうもんじゃないよ。自分で作り出すものですよ」と(笑)。

　清水が言うと名言に聞こえなかったが、確かに彼は運だけではなく努力を怠らない感性の人である。

　よく鏡を見ながら上半身裸でシャドーボクシングをしている。

「何してんねん！　おまえナルシストかい！　ボクシングせいよ」

　からかうと「バランスを確認しているんだ。最近、考えることがあるのよ」と言う。

「おまえは感性やろ。何を考えんねん」と突っ込んだが、よくよく聞いてみると、踏み出す前足のつま先の向きの話をしてきた。

「足のつま先の向きと、肩の向きが違ってくると、パンチを打つときに力が分散されてしまうと思うんや。上半身だけに頼って打つようになってしまうやろ?」

確かに、ステップする前足のつま先を少し内側に曲げた方が、ブレーキが利いて下半身の力が利く。これまで日本では、つま先を真っ直ぐ前に向けるのが定説とされていたが、清水の意見には説得力があった。たまに対戦相手の動画を見て、研究のようなこともしている。

清水は感性で、僕は理屈。

清水が感性でつかんだものを理屈に置き換えれば説明がつくものになる。その清水のセンスは僕のヒントにもなる。

でも、ちょっとして様子を見てみると対戦相手の動画でなく、お笑いの動画を見ていた。

「ほんま気分屋やのう? おまえは」

そういう腐れ縁ともいえる盟友だが、最近は、僕を売名行為に使うようになってきたのでうっとうしい(笑)。銀座のパレードのときは、投げキッスをしているかと思えば、僕の名前を書いた応援ボードを持っている女子をめざとく見つけると、そのときだけわざわざ僕のそばに寄ってきて、肩を抱き寄せ、Vサインである。

「おまえは気楽でええな」

もう清水ネタは、お腹一杯ですか（笑）。

清水ネタはこの辺で封印しておきます。

壁を越えようとするときに生まれるもの

人生においてライバルは必要だと思う。

その壁を越えるためにどうすればいいかを考えるから、そこに気づきや、モチベーションが生まれる。僕にとってライバルといえるボクサーはウクライナのイェフゲン・キトロフだろう。

2011年の世界選手権の決勝で22－24で負けた相手である。

この大会でロンドン五輪出場を決め、ボクシング人生のターニングポイントとなるような自信が芽生えたが、表彰式は負けた直後だから一切、笑えない。キトロフに写真撮影で肩を組まれても悔しいだけだった。

その試合は、僕の得意なスタミナを生かすインファイトの消耗戦に持ち込んだにもかかわらず、2ラウンドには、スタンディングダウンを取られるなどして敗れた。

キトロフにどうやれば勝てるか。もう1回、対戦するとなると、どう戦えばいいか、それをロンドン五輪に向けて、ずっと考えて練習をしていた。

「ウークライナァ」

日本代表チーム監督の本さんは、僕の性格を知っているから、練習が苦しくなると、ウクライナの応援団が、会場で声を張り上げる独特のトーンを真似して、僕の闘志を刺激してくれたりした。

そのキトロフとは、オリンピックで決着をつけることができなかった。彼は、2回戦で地元イギリスのアンソニー・オゴゴに敗れた。1ラウンドは確かにオゴゴが取っていただろうが、キトロフの得意の強打は凄まじくて二度のスタンディングダウンを奪い反撃したが判定で敗れた。

「あれで負けにされたらたまったもんやないやろな」と同情したが、「ライバルが消えてラッキー」という気持ちと、「決着をつけたかった」という2つの感情が、微妙な感じで複雑に絡み合った。もし彼と対戦していれば？　と聞かれて「勝てた」とは確信を持っていえないだろう。

できれば、もう1回やりたい。

これは、後日談だが、嫁さんが日本の旗を持ってスタンド席の最前列で応援してくれていたが、後で映像を見ると、その隣で大声を出して応援しているキトロフの姿があった。「あれがキトロフでしょう。諒太のことを凄く応援してくれていたよ」という嫁さんの話を聞いて思った。キトロフってめちゃくちゃええ奴やん（笑）。実力を認め合うライバルだからこそ、友情にも似た心のつながりが生まれるのかもしれない。

日本人では佐藤幸治さんである。

日大～自衛隊体育学校で活躍されたアマエリートで、アマ時代に全日本選手権５連覇を含む13冠。その後、プロに転向され、ミドル級で東洋太平洋タイトルを奪取、無敗のまま世界挑戦され、惜しくも敗れたが、プロの世界でも怪物ぶりを発揮されていたボクサーだ。しかし、僕が幸治さんをライバルと呼ぶのはおこがましい。ライバルとは、どこかで、いい勝負を演じ合える人のことだろうが、僕はたった一度の対決で完敗を喫し、最後の最後まで幸治さんを超えることはできなかった。

高校３年のとき、６冠を狙っていた国体には近畿予選での団体戦で敗れたため出場できなくなったが、僕は意外にもポジティブに「６冠は、全日本で優勝を果たして成し遂げればいい」と気持ちを切り替えた。国体に出られなかった悔しさを全日本にぶつけようと思ったのである。

全日本選手権は、国体のように少年、成年の年齢区別がなく、大学生や社会人の有力選手がゾロゾロと出場してくる。しかし、優勝は不可能かといえば、そうではない。僕が高校１

年のとき、インターハイ、国体と決勝で続けて負けることになった2学年上の坂田一平さんは、高校生として初めて全日本のミドル級で優勝している。高校生での飛び級優勝の例はなくはない。

ただ、ひとつだけ難問はあった。

それまでは、71キロ以下のライトミドル級という階級があったのだが、僕の頃には廃止されていて、ミドル級一本となり、当時、自衛隊体育学校所属でミドル級で無敵の王者だった佐藤幸治さんと対決せざるを得なくなったのである。決勝まで進出したが、その決勝で幸治さんに1ラウンドもたずに完敗した。コテンパンにやられた。

対戦前からビビっていた。気持ちで負けていた。「負けて元々。ぶつかっていけばいい」と、開き直ることさえできなかった。それだけ大きい存在だった。本当に狭いリングを逃げ回ることしかできなかった。

幸治さんは、永遠に越せない壁だった。いつか再戦して勝ちたいと願っていたが、僕が大学1年のときに、アテネ五輪のアジア予選で敗れた幸治さんはプロに転向されたので僕らが、その後、拳を交えるチャンスは二度となかった。アマチュアの合宿でも一緒にならないし、このときの試合に負けてからは、スパーさえしたことがなかった。年上の人に対して失礼かもしれないが、それでも僕は、どこかで幸治さんを意識していた。

あの人が海外で成績を残せていないなら僕は残したい。

そういう気持ちも抱いた。近いようで遠い存在。僕も、当時、生意気な態度をしていたので、きっと幸治さんに嫌われていたのだと思う。顔を合わせても、口をきいてもらったことはなかった。その幸治さんは、2012年6月にプロを引退された。

これも金メダルが呼んだ縁なのか。僕は、この秋、幸治さんと再会した。

ロンドン五輪が終わって、佐藤幸治さんの兄で、1999年に全日本選手権のライトミドル級、2000年に全日本選手権のミドル級で優勝されている佐藤賢治さんが、埼玉の春日部に「SATO Boxing Fitness」というアマチュアのボクシングジムを開くこととなり、オープニングセレモニーに顔を出させてもらった。その2次会の飲みの席で、幸治さんと何年かぶりに再会したのである。そういう場が本来苦手な僕は、例によって人見知りして、大人しくしていたら、幸治さんの方から近づいてきてくれた。

あの超えられなかったライバルの方が歩み寄ってくれたことが嬉しかった。

「オリンピック見てたよ。オレは、アマチュア時代にキューバやロシアの選手にとても勝てるイメージが持てなかった。おまえは持てていたんだよなあ。すげえな。強かったよ」

そんなことを言ってもらった。やっと認めてもらった気がした。勝てなかった人に認められるほど嬉しいことはない。僕は、もう一度、持参していた金メダルを握りなおした。

憧れのアスリートとの出逢いが、自分を成長させる

金メダルを取ってから幸いにも、いろんな有名人の方と、お仕事をご一緒させていただく機会が増えた。恥ずかしさもあって、僕はめったにツーショット写真をお願いしない。けれど、過去に2人だけ、ツーショット写真を撮影させてもらった方がいる。

引退されたが、K－1で活躍されていた魔裟斗さん、そして、アテネ五輪のハンマー投げで金メダル、ロンドン五輪でも銅メダルを獲得された室伏広治さん。心から憧れ、尊敬しているアスリートの2人である。

魔裟斗さんとは、大学1年から3年くらいの間に、何回か、ジムにお邪魔してスパーリングをさせてもらった。キックは無しのボクシングだけのスパー。あくまでも自己評価だが、最初にスパーをしたときは押された。勝ち負けをつけるならばやられたと思う。スピードもある。パンチ力もあった。フィジカルでは僕の方が上回っているはずだが、テンポもよく押された。K－1という新しい格闘技の先駆者でオーラのある人。カリスマとは、こういう人のことをいうのだと思っていたが、さらに驚いたのはその練習量だ。

僕は、3ラウンドのスパーの後は、サンドバッグを叩いて練習を上がったが、魔裟斗さん

はそこからボクシングのミット打ち、キックの蹴りを入れたミット打ち、キックボクシングのマス、そしてサンドバッグと、黙々と半端でない量のメニューをこなした。僕の倍はやられていただろうか。

さらに何がカッコイイのかといえば、年下のしかもアマチュアの僕に対して、わざわざ話しかけてくれ「今日はありがとうね。なんかオレのいいとこ、悪いとこなかった？」と聞いてくれたこと。この人は自分が強くなるためには、「オレが魔裟斗だ」というプライドよりも、研究、努力されることを優先するのかと思った。とてつもなくカッコイイ男だと惚れてしまった。

オリンピックから帰ってくると、わざわざメールを送ってくれた。そこには「金メダルおめでとう。これから先、いろいろと進路に迷うと思うけれど、村田らしく頑張ってくれ」と書いてあった。感激したし、そのメールは僕の宝物である。

〝鉄人〟室伏さんに初めてお会いしたのは、日本スポーツ大賞の表彰式。室伏さんをパッと見たときに、この人と喧嘩することを妄想して、まず勝てないと思った。

室伏さんとのバーリトゥード（総合格闘技戦）を予想してみると、まず、僕が先手を取って1発殴りかかってみる。だが、室伏さんは頑丈だから一撃では倒れない。すかさず2発目を狙いにいくが、間違いなく、そこでつかまる。そして次の瞬間、僕はグルグル回され、80メートルは飛ばされる（笑）。室伏さんと初対面したとき、そんなことを考えて風格に呑み込まれた。

五輪後にお会いする機会があって、連絡先を教えてもらった。

「海外でスポーツ科学やマネジメントを勉強したいと考えているんです」と相談すると、「オレにできることがあればいつでも相談にのるよ」と、あの爽やかな笑顔で答えてくれた。カッコイイ。憧れが増した。

もしお会いできるなら、ぜひツーショット写真をお願いしたい人が、もう一人いる。ニューヨーク・ヤンキースのイチローさんだ。イチローさんは、日本からメジャーに活躍の場を移しながらも、そこでのトレーニング方法や練習、調整方法を自分でマネジメントして、超一流の結果を10年以上も残し続けている。本当にトップ・オブ・ザ・トップの世界で自分をマネジメントできるのは、恰好よすぎる。

金メダリストとして、やるべき復興への協力

あの日のことは今でも覚えている。

２０１１年4月まで、今の板橋区にある立派な東洋大の総合スポーツセンターは建設中で、ボクシング部は埼玉の朝霞で練習していた。東武東上線の朝霞台駅から長い坂がある。そこを下りきったところで、グラグラと大きく体が揺れた。僕は最初、それは自分の目眩《めまい》で、「なんか体調が悪いなあ」と思った。でも、揺れは続いている。

「ちゃうちゃう、電信柱も、めちゃ揺れてるやん。これはでかい地震やん」

本当に時間が止まった気がした。余震が続き、その日の練習は中止となった。

当時、僕は、嫁さんとすでに結婚し一緒に住んでいた。嫁さんは、長男をお腹に宿していて予定日まであと2か月と迫っていた。その日は、病院での検診日だった。

嫁さんもお腹の子も心配だった。電話はつながらない。電車も動かない。

志木駅の近くにあるボクシング部の寮に行ってテレビをつけた。東北地域を襲った大地震と津波、原発の危機を伝える緊急放送が始まっていた。

「なんやこれ、どないなってんねん」

嫁さんの実家のある常盤台まで志木駅から歩くと、直線で15キロくらいの距離。僕は歩いた。途中で嫁さんの親から、連絡が入って無事が確認できた。

革靴にスーツ。歩き始めるとたちまち足が辛くなってリングシューズに履き替えた。リングシューズは、ボクシング用で底が薄い。また足が痛くなった。

文京区白山にある東洋大のキャンパスには帰宅できない学生がたくさんいた。翌日は、朝早く起きて、常盤台から自転車で学校まで行って対処をした。

僕は何も東北の人たちの力になることができなかった。

オリンピックが終わって、震災の被害を受けた人たちから、「勇気をもらった」「元気をもらった」という手紙をもらった。僕は、ただ自分のために頑張っただけだが、その結果をそう受け止めていただけるならば、こっぱずかしいが、スポーツマンとして光栄だ。

金メダリストとしてやるべきことは何か。それを考えたとき、思い浮かんだのは、震災から復興に向けて立ち上がっている人たちのことだった。

12月に入って、ロンドン五輪重量挙げの銀メダリスト、三宅宏実さんと共に岩手県宮古市の小学校や仮設住宅を回らせてもらった。僕はどんな顔をして被災地の皆さんと接すればいいかわからなかったが、明るい笑顔で迎えてくれた。家族も友も住む家も……何もかもを失った子供たちもいるのだろう。しかし、きっと抱えているはずの暗さや不満や不安を微塵《みじん》も見せずに、明るく前を向いていた。

僕は被災地を訪れるにあたって「頑張る」という言葉の意味を調べた。そこには「困難にめげないで我慢してやり抜くこと」とあった。被災された皆さんは、突然、襲いかかってきた大地震、津波、放射能の恐怖という困難に立ち向かい、世界で一番、頑張っている人たちである。そんな人たちに僕みたいなたかだかボクシングだけをやっている人間が、「頑張って」などと、軽々しくは言えなかった。逆に僕が、元気をもらい「頑張る」という言葉の本当の意味を教えられた気がした。今後の僕の人生にプラスアルファすべきは、「頑張ること」なのだと。

車に乗せてもらって津波の被害の大きかった海沿いを走った。本来そこにあるはずの街は跡形もなくなっていて、ただ山積みになった瓦礫《がれき》だけが、そこら中に残っていた。僕は言葉を失った。

オリンピック前は、自分のことで精一杯で、東北のことを考える余裕がなかった。だが、今後も、何か震災復興の役に立てることや協力させてもらえることがあれば、どんなことでも力になりたい。運と人との出逢い。そして１０１％の小さな努力によって取らせてもらった金メダル。その金メダリストとして、やるべき行動だと思っている。

第6章　最強を求めて

世界に通用する自分の長所を知り、そのスタイルで勝負する

僕のようにガードを固めて前へ出て、接近戦で殴り合いを求めるスタイルを、ボクシング界では「ファイター」と呼ぶ。その逆で、足を動かしてリングを広く使い、「打つ」「外す」を徹底するボクシングスタイルは「ボクサー」と呼ばれている。その両方を兼ね備えているタイプが、「ボクサーファイター」。

僕は、昔からファイターだったわけでない。

武元先生は、距離をとってリズミカルに攻撃と守備のバランスをとっていくボクサータイプを好んでいた。特にサウスポーが好きで、入部して、まず初めに構えたときに、「サウスポーにしろ」と言われる。WBC世界バンタム級王者の山中慎介先輩も、右利きだったが、サウスポーへ転向させられ、途中、勝手に元に戻して、よく怒られたという。

武元先生は、日大時代、猛烈なファイターだったらしい。それだけにファイターがいかにダメージを受けて危険であるかを、身をもって知っていた。武元先生は、生徒がパンチをもらうことを心配されていた。生徒の安全と健康を考え、決して事故がないように気をつけられていた。そういう理由からサウスポーのボクサーが好きで、「打たさずに打て」が、信念

だった。

僕は、中3のときからプロのジムでボクシングをやっていて、それなりに自分のスタイルを持っていた。武元先生もそれを知っていたので、あえて何も言わず、僕のスタイルを尊重してくれた。それでも高校時代は、今より少し距離をとってストレート、ストレートで押していくスタイルのボクサーだった。ガチガチのファイターというより、少しだけボクサースタイル寄りだったのかもしれない。

今のようなファイトスタイルが固まったのは、２００９年の現役復帰後に「海外の一流選手に勝つにはどうすればいいか」をもう一度、自分の中で整理して試行錯誤してからだ。

世界で勝つためには世界に通用する自分の強いところで勝負しなければならない。となるとフィジカル、パンチ力、スタミナの3つ。ヨーロッパの選手を相手に技術では勝てない。彼らは、本当に小さい頃からボクシングをやっていて、中間距離、長距離ではアドバンテージがある。ならば、その自分が通用するところで勝負しようと考えた。

フィジカル、パンチ力、スタミナを生かして前へガンガン行って、消耗戦を仕掛け潰されないようにする。それが明確にできたのが、ロンドン五輪の準決勝のアトエフとの試合だろう。

プレッシャーをかけて前半にボディを効かせておき、中盤以降で勝っていくというスタイルを貫いた。自分で言うのも何だが、これは忍耐力が必要で、リスクを負うため「やろう」と思っても自信がないと、なかなかできないスタイルである。

1ラウンド目は打たせることが多い。

「肉を切らせて骨を断つ」のサムライ魂ではないが、相手のパンチが一番強いのは、実はファーストコンタクトである。それに先に慣れていれば、「どうせ、この先パンチは弱まっていくんやろう」という心境になって、恐怖心とはオサラバできる。

しかも、世界的なジャッジの傾向として、1ラウンド目は、どうしても辛《から》くなる。ある程度、打たせてもジャッジは厳しく見ているから、そうポイントは離されない。そういう採点の傾向も僕のスタイルへの追い風となっていた。

その間は、ずっと「我慢している」という心の持ちようではない。

「来いや、来いや。そのうち反撃したるから」というアグレッシブな気持ちである。

ロンドン五輪では、準決勝、決勝と僅差の判定勝利ばっかりだった僕が書いても説得力がないかもしれないが、いつも、試合では、相手を「倒し」に行っている。KO、つまりアマチュアボクシングでいうRSC勝利を狙っている。

「勝ちゃあ、なんでもええやん」が本音だが、僕が持つボクサーの本能として「倒したい」「ダメージを与えたい」という闘争心がある。

そして、相手が僕のプレッシャーに我慢できなくなって疲れたところで一気に突破口を開く。だいたい、ラウンドの1分か1分半を過ぎたあたりから、反撃が始まることが多い。何も時間を区切って切り替えているわけではない。セコンドは経過時間を教えてくれるが、集中しているからあまり耳に入らないし試合の時間など気にしていない。守勢から攻勢へスイッチするタイミングは、相手の表情や動きを観察しながら判断する。察知力である。

表情や息遣い、打った瞬間の反応などから、相手が出す信号を察知する。ボディが効けば、屈強な外国人選手でも「ウッ！」とうめく。どのパンチを嫌がっているか。スタミナが切れているか。ダメージが蓄積されているかを激しい攻防の中で察知するのだ。

試合中は、拳や目など、ある一点を集中して見るのではなく、目とか鼻とかの中心部分からボンヤリと全体を捉える。スポーツ科学で「周辺視」と呼ばれるものである。

ちなみに僕の視力は、右が0・7、左が1・2。

動体視力を鍛えるため、普段の生活から、遠くと親指を交互に見て目を動かしたり、車に乗ったら前の車やすれ違う車のナンバーを目で追ったりしている。

そういう相手の情報を周辺視でキャッチしながら、「弱気になっとるな。疲れとる。次は行くぞ！」と、攻撃のタイミングを見極めてスイッチするわけだ。

ファイターの僕の命綱ともいえるパンチが、ボディである。ボディを攻めれば、相手のガードが下がる。すると顔面が空くから、次に倒すことに専念できるという論法である。

僕のボディ打ちは、基本的には3種類ある。

中から突き刺すように入れるもの。外から回して打つもの。飛び込みながら打つもの。

ボディは打つ側からすれば、恐怖感を伴うパンチである。打つ瞬間、顔面ががら空きになるのだから、自信がなければ打てない。

ロンドン五輪前にWBA世界スーパーフェザー級王者の内山高志さんにボディ打ちの秘訣を教えてもらった。拳を立てたり逆にして最短距離を一直線にドンと突く。特殊なボディ打ちである。報道では、僕のボディ打ちは、内山さんの直伝ということになっているが、厳密にいえばその報道は間違いで、参考にはしているが、手が長い内山さんとは骨格が違うから真似したくともできなかったのが真相なのだ。

強いパンチを打つために大事なのは、力の伝え方

自分で書くのも気が引けるが、パンチ力はある。

中学3年で門をくぐった進光ジム時代も、スパーで相手を倒していたし、高校時代もダウンを重ねてのRSC勝利が多かった。ナチュラルにパンチ力はあったのだろうが、パンチで

相手にダメージを与えるのは力だけではない。

テクニックに加えて打ち分けの仕方やタイミング。そして**一番大事なのは、体の使い方。重心移動がスムーズにでき体重がパンチに乗っているかどうか**。それらが総合的にできているボクサーが「パンチが強い」ということになるのだろう。

少し専門的になるが、特に「軸」といわれる重心が大切だ。

マニー・パッキャオに勝ったことのある4階級制覇のエリック・モラレスやミニマムの王座を二十二度防衛したリカルド・ロペス（メキシコ）は、必ず試合前に、バスケットボール選手のターンのようなステップを繰り返して体の軸を確認するようなシャドーボクシングをしている。おそらくバランスと自分の重心の位置の確認作業なのだろう。

僕も高校生の頃から、バランスや重心をどこに置くかにこだわった。後ろに重心を置く方が動きやすかった。前に重心を置くとステップが踏めない。重心を後ろに置いて、そこから組み立てるイメージを持っていた。

今でも僕の重心は前ではない。後ろ足、すなわち右足で体勢を保っておいて攻守のバランスを考える。前足にかかっているように見えるかもしれないが、感覚的には、前足に重心をかけることはほとんどない。右足に体重がかかっているからだろう。スパーや練習では右のアキレス腱が、いつも痛くなる。

僕はまるで基本がなっていない。ジャブを打つときに脇は開くし、シャドーもムッチャ下手だ。昔を知る人には、「あんな下手なシャドーでよく金メダルを取ったなあ」と言われるぐらいである。

でも、僕が中量級の史上最強ボクサーの番外編にノミネートしたいと考えている元WBA&IBFジュニアウェルター（現・スーパーライト）級王者のアーロン・プライヤー（アメリカ）などは、基本など無視して、どこからでもぶん殴るというスタイルでKOの山を築いた。アマ経験のあるボクサーだが、打ち方はむちゃくちゃである。それでも殺戮《さつりく》の強打でKOを続けた。つまり重要なのは、形ではなく力の伝え方なのだ。強いパンチを打てるツボのようなものは、個人、個人、それぞれ違う。

僕は、「思い切り殴りに行く」というイメージでパンチは打っていない。どちらかといえば相手にパンチが当たる最後に「力を抜く」イメージなのだ。インパクトの瞬間に拳を握る感覚でもなく、当たった結果、拳が握られるイメージと表現すればいいのか。当たる瞬間にギュッと握ることを意識すれば、人間はどうしても、その手前で握ってしまうもの。そうすると筋肉が縮まって力が伝わらない。

「相手にパンチが当たる最後に力を抜く」という感覚で振り抜くとスピードとともに衝撃度も増すのである。その感覚をつかんだのは、２０１１年の4月くらいだろうか。もっと強く打てる方法が、もしかすれば、他にあるのかもしれないが、僕の流儀として形にとらわれることはナンセンスだと考えている。

頑丈な肉体のルーツは、ピーナッツと水泳

ミドル級の世界は、肉体勝負を避けて通れない。

69キロ以上75キロ以下というミドル級の体重制限は、世界共通だが、人種的な遺伝子が影響を与える天性の肉体や運動能力の差が、重いクラスになればなるほど如実に浮き出て、日本人はどうしてもハンディを背負う。僕はその中でも、日本人離れしたフィジカルを兼ね備えていると評価されている。外国人選手の目線から書くと、「あいつは、日本人のくせになんかでかいな」なのである。しかし、僕は、生まれながらに立派な肉体を持っていたわけではなく、中学1年のときの身長は1メートル54センチしかなかった。

それが、中3で1メートル77センチ・63キロ。高校でさらにでかくなった。僕は竹の子族なのだ(笑)。現在は1メートル83センチで、普段は78キロくらい。足のサイズは29・0である。

昔は、牛乳を飲めばでかくなる、とよくいわれたものだったが、科学的な根拠はないらしい。僕は、いつも「肉、肉、肉」と言っていた。とにかく肉をよく食べた。肉は今でも大好

きな食材のひとつ。

オヤジは1メートル76センチあるが、2人の兄貴は共に1メートル70センチもない。仲のいい次兄とは、「なんでオレだけが、でかなったんやろ」という話をよくするが、いつも結論は、「おまえは肉をよく食べていたもんなあ」ということで落ち着く。

テレビで見た話だが、凄く身長の伸びたバレーボール選手がいて、その選手はよく父親がビールのつまみにしていたピーナッツをつまみ食いしていたらしい。欧米人に比べて日本人に足りないのはタンパク質と亜鉛らしくて、その亜鉛がピーナッツに多く含まれているという。

バラエティ番組だったから、科学的な信憑性《しんぴょう》があるとはいえないが(笑)、そういえば僕も肉に加えて、よくオヤジの落花生をつまみ食いしていた。

殻つきの落花生をオヤジが食べていて、割って剝《む》くと、2つピーナッツが出てくる。その半分のひとつを僕が取る。肉とピーナッツと遺伝。僕のミドル級の体格のルーツには、それらが複雑に絡んだのかもしれない。中学の3年間で急成長したが、幸いにも膝や腰に成長痛が一度も出なかった。それも順調な肉体の強化を助けてくれたと思っている。

フィジカルの強さのルーツをよくよく辿ってみると、5歳からやっていた水泳が外せない気がする。小学4年生になってからはあまり行かなくなったが、小学3年生までは一生懸命に通った。小3までは、ええとこの坊ちゃんみたいに習い事だけは通わされていた。

水泳、ピアノ、お絵かき。

今でいう情操教育だろう。ピアノは、楽譜は少し読めるが、演奏できるのは「ねこふんじゃった」くらい。カラオケも周囲が引くくらいの音痴だ。ちなみに最近歌った歌は、テレサ・テンの「つぐない」。まだ26歳なのだが、まるで昭和を生きたサラリーマンのような選曲である。いったい僕は、この歌をどこで覚えたのだろう（笑）。

絵の方は、「本当に習ってたん？　洒落《しやれ》きついわ」と、人々を疑惑の渦に落とし込むほど下手だ。尊敬するダウンタウンの浜田さんよりは、多少うまいのだろうが（笑）。

ただ、5歳から始めた水泳にだけは、多少の才能があったようである。

背泳ぎは鼻に水が入るから嫌。バタフライは、肩がだるくなるから嫌という、とんでもなく我儘《わがまま》なガキで、自由形と平泳ぎしかやらなかったが、そこそこ速かった。子供がやる気出せるようにタイムに応じてワッペンをくれるが、練習をしてないわりには、僕は一番上のワッペンをもらっていて、小4からは選手コースに入った。

水泳は、肩をしっかりと回す全身運動だから、そこでスタミナと基礎体力が遊びながらついたのかもしれないと思っている。将来、息子の晴道が、ボクシングをやることには大反対だが、スポーツに興味を抱いたなら、水泳はやらせてあげたいと考えている。あらゆるスポーツに応用の利く、基礎体力を作ることができると思うからだ。

鏡の中の自分にセルフトークで自己暗示

僕はナルシストではないが鏡をよく見る。鏡に映る自分の顔をじっと見て話しかける。

「口にしまりがないなあ。傷だらけやん」

ロンドン五輪の選手村でも、僕は、たびたび、鏡の中の自分に問いかけていた。

「怖いか？」

「怖くない」

「逃げるのか？」

「逃げない！」

これはスポーツ心理学の世界でセルフトークといわれるもので、一種の自己暗示。

僕には勝負曲がある。Superfly の「Beep!!」という曲だ。

映画「漫才ギャング」のテーマ曲で「Mind Travel」というアルバムにも入っているノリノリのテンポの曲だが、歌詞が、試合前の僕の心境にピタリと合った。

鏡の私と睨みあってみても
そう、なんにも怖くない
だって弱虫じゃない
あんたはいつも
ギリギリで　逃げるでしょ
だから、いつも自由から遠ざかるばかり

ほんま、カッコいいでしょう？

世界選手権で銀メダルを取った頃から聞いている好きな曲。ロンドンでも、ずっとiPodで聞いていた。試合前に不安な気持ちが出てくると鏡の前に立って、歌詞のように自分に向かって話しかけていた。歌の上手い人の声を聞くと元気になる。力をもらえる気分になってくる。

男の顔は履歴書だという。

僕の顔は傷だらけである。

鼻は、中学3年で日本ランキング1位のプロボクサーに折られた。それ以来、鼻呼吸がうまくできなくなっている。鼻の真ん中には、切り傷の痕《あと》がケロイド状になっている。これは、ウクライナの選手にラスト30秒でパンチで切られたもの。

アマチュアボクシングでは、健康管理のためCTスキャンを義務づけられているが、最近、スキャンしたところ、医者に「君は、頭蓋骨が厚いね。大げさではなく一般の人より1・5倍くらい厚い」と言われた。

僕のボクシングスタイルは、前半に打たせるだけ打たせて、相手が弱った後半に勝負するというものだが、それが可能なのは、ちょっとやそっとでは壊れない頑丈な頭にあったのかもしれない。それも、ツラの皮ではなく、頭の骨が厚いのである。

そういえば、伏見小学校時代に、こんなことがあった。

元気一杯のガキだった。スポーツもよくした。喧嘩もよくした。各学年に4クラスあった。ヤンチャなグループもあって敵はいた。

ある日、ヤンチャなグループのリーダーとの対決があった。先手必勝と、1発殴ると、そいつも負けじと頭をしばいてきたが、次の瞬間、「痛ああ」と手を押さえてひっくり返った。

僕はほとんどなにもせず勝利したのである。マンガのような話だが、後から聞くとそれで指を怪我したという。プロレスラー、真っ青の石頭である。殴りにきた相手が逆に怪我をするとは、ガッツ伝説に見劣りしない村田伝説かもしれないが、10年以上もたった今になって、

ＣＴスキャンで頭蓋骨の厚さが判明、なるほどと納得したわけである。

僕は人間よりも猿かゴリラに近いのかもしれない（笑）。

顔といえば、ごくたまにＴＯＫＩＯの長瀬智也さんや、関ジャニ∞の錦戸亮さん、はたまた、保阪尚希さんに似ているとかいわれる。「似てないですよお」と言いながらも、そういうときは間違いなく、調子に乗っていい気になっている（笑）。俳優の真田広之さんが好きなので、似ているといわれると気分がいい。

最近は、ファッション誌の取材などもあるが、アスリートは決して勘違いをしてはならないと思う。これは女子のアスリートにもいえることかもしれないが、たまたま、スポーツをしている選手の枠組みの中では、「ちょっとマシやなあ」ということだけのことで、僕にしても銅メダリストの清水よりは「まあマシやなあ」というだけのことで（笑）。決して、俳優やタレントになった気分で勘違いしてはならない。背が高いから、数年前に渋谷を歩いていて「学園祭でモデルをやってくれませんか」という変なスカウトを受けたこともあったが、所詮、そのレベル。そして、昔から僕は、モテナイ君だった。

ひねくれた硬派を気取っていた。

初恋は小６。

伏見小学校では、5、6年と同じクラスになるシステムで、小5のときに同じクラスになった、クラスで一、二番にモテる女の子が好きだった。給食はグループごとに机をくっつけて食べることになっていて、一緒のグループ。僕は友達と2人で、その子にちょっかいを出していた。その好きだった子が牛乳を飲むときに、笑かすのである。僕は笑かすことに成功した。その子は、牛乳をぶっと噴き出した。好きな子だからこそ、いたずらしたい、ちょっかいをかけたい。典型的な小さな恋だった。

中1のとき、女友達から「あんた誰か好きな子おんの？」と聞かれた。

僕は、その好きだった子の名前を言った。

すると「あんた遅いわ。あの子もあんたが好きやねんよ」と言われた。

そうやったんや、とあわててコクって（告白して）、ちょっと付き合った。

でも当時、僕は一匹狼を気取ったヤンキーである。

「女はうっとうしい、女と喋りたくない」と、硬派を決めてつっぱっていた。

中2のバレンタインだった。

その女友達が来て、「あの子が、チョコを渡したいと言ってるんよ。もらってやってなあ」と言うので「いらんと言うとけ！」と、いきがった。

それで小さな初恋は終わった。硬派でもなんでもない。ただのひねくれものだった。

ちなみに、バレンタインでは、中1で、3つか4つもらったのが、過去最高。10個も20個ももらったことはない。オリンピック後も大学にファンレターも届いていない。自分の肉体の履歴について書こうとしたが、またまた脱線ホールド。さすがにそろそろ減点か（笑）。

拳の骨が曲がった理由

僕の右の中指の付け根付近は異常に曲がっている。

高校2年のインターハイのベスト8の試合。右ストレートを打った途端にバーンと拳に激痛が走った。相手は、それでダウンしたが、瞬間的に「ヤバい！」と冷や汗が流れた。

「立ってくれるな。今はパンチを打たれへんから立ってくれるな」

相手に気づかれないように祈った。幸い、そのままRSC勝利になって助かったが、すぐに控え室に戻ってバンテージを外したら、ボコッと尋常ではないくらいに腫れ上がっている。

「先生！　これヤバいっす」

武元先生に見せたら、どや顔で「打撲だよ」と言われた。

信頼している武元先生の言う言葉だから、それは信じる。

「大丈夫なんや」と安心した。氷で冷やして、先生が「塩を塗れ」と言うから、なぜか塩で揉んで、その後にバンテリンを塗って眠った。僕は痛み止めも打たずに準決勝、決勝と勝ち進み優勝を勝ち取った。激痛が続いていたが、先生が「打撲だ」と言うのでパンチは打てると思い込んでいたし、「ベスト4くらいで負けられない」というプライドがその痛みに勝った。しかし、それから先も、拳の痛みは長引いた。あまりにも痛いので医者にも行ったが、「骨に異常はない」という診断が出た。そのため特に治療もしなかったが、半年くらいずっと痛さが続いた。秋の国体では痛み止めの注射を打って試合をしたほどであった。

この塩で揉んだ拳の話には、後日談がある。

大学時代に全日本の合宿に呼ばれ、精密検査があった。いい機会だと考え「高校時代に拳を痛めたことがあります」と申告して、拳を詳しく検査してもらった。すると、医師はレントゲンの写真をつぶさに見て「これは一度折れてからつながってるね」と言うのだ。骨折した形跡がしっかりと写っているという。真っ直ぐになっていなければならない拳あたりの筋が、今でもクネンと曲がっているが、折れてからつながったからなのだ。

「ええ？」

思わずポカーンである。

あのとき、どや顔で「打撲だよ」と言った武元先生。かんべんしてくださいよ。折れていないと診断した医者の先生も、かんべんしてくださいよ。やっぱ折れてたんやん。それも知らぬまにくっついていたなんて考えられへん（笑）。

病は気からというが、信じれば、人間は何でもできるものなのだ。ハードパンチャーに拳の怪我は宿命といわれるが、それ以降、大きなアクシデントはなかった。怪我の功名というが、折れた骨が自然にくっついたことで強くなったのだろうか。

五輪後に、10年ぶりに再会した長兄

その右手の人差し指も少し横に曲がっている。

たいていの人は、ボクシングでやったのだろうと思っているようだが、実は違う。小6のとき、当時、高1だった一番上の兄貴と兄弟喧嘩をして複雑骨折したものである。

当時、音楽にうつつをぬかしていた兄貴はキーボードを叩いていた。

それがうるさかったので「うるさいわ。アホ」とちょっかいを出しに行って逆にしばかれた。

高校生と小学生である。腕力が違う。指をつかまれ、グキッと折られた。

指が横向いて泣いている僕に驚いた兄貴は、悪いと思ったのだろう。

「今度は、おまえが殴っていいから」と言ってきたので、指は痛かったが仕返しに思い切り殴った。今度はその衝撃が指に響いて、僕はもう一度ベソをかいた。オヤジが帰宅して、僕

の折れ曲がって腫れ上がっている指を見るなり、「すぐ病院に行け！」と怒鳴った。病院に行くと案の定、複雑骨折。指を大きなギプスで固定することになった。

その一番上の兄貴は、高校を3年で中退して家を出ていってから、ほとんど音信不通となった。僕より4つ上だから、今は31歳。連絡もつかず僕の結婚式にも来ていない。

それが、2年前の冬に一度だけ連絡があった。夜中に知らない番号から電話がかかってきた。

「もしもし誰？」

「誠徳や」

「ああ、久しぶりです」と、突然、なぜか敬語になってしまった。

横にいた嫁さんが、「なんでお兄さんに敬語使うの」と不思議な顔をしていた。

僕が優勝した2010年の全日本選手権を、たまたま深夜にテレビで見たらしい。それくらい疎遠で、僕の中では「もういないもんや」と思いかけていた兄だった。

その音信不通だった長兄の誠徳とオリンピックが終わってから再会した。実に10年ぶりだ。酒を飲みながら、昔は、こんなことあったな、あんなことあったな、という話は盛り上がったが、僕は旅疲れしていたし、なんか気まずかった。今は、音楽活動もやめて京都で介護関係の仕事をしているという。

金メダルを取ったから実現した再会だったのかもしれない。

成功したら、急に親戚が増えたというような話をよく聞くが、もういないもんやと思いかけていた兄と再会するのも不思議な縁。人の出逢いと運が、僕をオリンピックへと運んでくれて、金メダルをもたらしてくれたが、その金メダルは、また新しい人の縁を呼び込んでくれる。重たすぎると感じることもあったが、やはり金メダル君には感謝である。

ちなみに次兄とは仲がよく、実家の近くで彼も介護関係の仕事をしている。

アマはプロより下ではない。しかし、プロがアマの下にあるとも思わない

プロの下にアマはない。かといって、プロがアマの下にあるとも思わない。

プロの中には、アマチュア時代にオリンピックを目指した人も少なくない。尊敬するWBA世界スーパーフェザー級王者の内山高志さんも、WBA、WBCの世界ミニマム級の統一王者となった（現在は返上）井岡一翔《かずと》も、間違いなく近い将来に世界チャンピオンになると断言できる井上尚弥も、オリンピックには行けなかった。

なのに「プロがアマチュアより上」というような、偏った報道や見方が目立つ気がする。

オリンピックで金メダルを獲得することに、すべてを賭けていた人間からすれば、そういう

偏見は腹立たしい。

おそらくこういうことなのだろう。

44年前の3人のメダリストは世界チャンピオンになれなかった。過去に何十人何百人と、アマチュアからプロに転向したボクサーはいたが、五輪経験者の世界チャンピオンは過去に3人だけ。WBC世界フライ級王者の五十嵐俊幸さん、元WBC世界ジュニアフェザー（現・スーパーバンタム）級王者のロイヤル小林さん、元WBA世界ジュニアウェルター（現・スーパーライト）級王者の平仲明信さんの3人で、アテネ五輪代表の五十嵐さんが2012年に戴冠するまで、20年間オリンピアンの世界王者は出ていなかった。

それに鑑みてプロがアマチュアより上という論法になっているのだろうが、**僕に言わせれば、プロとアマは同じボクシングのようで同じではない**。まったく違う競技だと考えてもいい。ラウンド数もルールも違う。アマにはヘッドギアもある。グローブも違う。大会運営、興行の体制も違う。

プロの世界タイトル戦は、チャンピオンと常にランキング1位が対戦するわけではない。しかも、現在はひとつの階級に、いったい何人のチャンピオンがいるのかというくらい乱立している。日本は、執筆時点でWBAとWBCしか認めていないが、世界ではIBFにWBOがあって、WBAには暫定王者や、休業王者までいる。階級は17。約70人もの世界チャンピオンがいる。「そこにリアルがあるのですか?」。そんな気持ちにならざるを得ない。それに比べてオリンピックは4年に一度で11階級しかなく、ロンドン五輪からは、フェザー級が廃止され10階級となった。ロンドン五輪の金メダリストは10人である。

ボクシングは、じゃんけんのような相性というものがあって、絶対的な勝者を決めることはとても難しいが、アマは、すべて無作為の組み合わせ抽選で対戦相手が決まり相手を選べない。プロの世界戦の12ラウンドと違って、わずか3ラウンドだが（2分4ラウンドの時代もあった）、トーナメント制で当日に計量を行い、ほぼ連日で試合が続く。銀メダルを獲得した２０１１年の世界選手権では、決勝まで僕は7試合を戦った。ＲＳＣもあったが、合計20ラウンドである。

プロは興行権を持ったプロモーターが、挑戦者を決める。相性のいい相手を選ぶことも可能だろう。「なんや、こいつ?」という世界チャンピオンもいる。相手を選べるならば、僕は今すぐにでも勝てるだろう。最強を求める感覚は、僕の場合、やはりオリンピックなのだ。

誰が見てもわかりやすく、そのメダルは決して色褪《あ》せない。

しかしプロの世界には、化物のような強豪も存在する。現在、プロのミドル級の人気と実力を兼ね備えた世界一は、セルヒオ・マルチネス。今のところ、正直、彼に勝てる自信はまったくない。

3ラウンドのアマチュアルールならばわからないが、今からプロの世界に飛び込んで、セルヒオ・マルチネスに勝てるまでレベルアップするのは難しい。プロが上、アマが上という馬鹿馬鹿しい議論はやめて、お互いがお互いをリスペクトすることが大事だと思う。

読者の方の中には、知らない人も多いかもしれないが、過去の選手の引き抜き問題などが尾を引き、長らくプロとアマの交流は断絶されていた。だが、全日本アマチュアボクシング連盟の山根明会長が、素晴らしいリーダーシップを発揮してプロ・アマの門戸が開かれた。

これまでは、プロに行くとアマチュアの指導者になれなかったが、元プロ選手がアマチュアに貢献をして一定の条件を満たせば、アマチュア資格の復帰も認められることになった。

そういう両者の雪解けの方向には、大きなメリットを感じる。

僕も、プロ・アマ交流が認められたことによってプロジムでのスパーリングが可能になって助けられた。重量級は競技人口も少なく、アマの選手もプロの選手も、相手に負けたくないという気持ちが強く出て競い合って、お互いのレベル向上に役立つ。

プロとアマチュアの共存の道

ミドル級は世界的には最も競技人口の多い階級だが、日本での競技人口は少ない。国内のアマチュアでは、スパーリングのできるメンバーが限られてきて、毎回、同じパターンとなってしまって進歩がない。その意味で、プロのジムを巡り、プロの方々と拳を交えさせていただいたことには意義があった。

人によってパンチ力も角度もタイミングもリズムもテンポも違う。いろんな種類のパンチに慣れておくと試合で驚かなくなる。違った相手にどう対処するかの対応力が磨かれたのである。

ロンドン五輪で自信を持って怪物たちとフィジカル勝負できたのは、帝拳ジムの三浦広光さんとのスパーのおかげである。総合格闘技から転向されてきた三浦さんは、とにかくごつい。スパーをしたときは、85キロくらいあって、その後に、ミドル級の75キロの選手と試合をやると、相手がたとえ外国人でも軽く感じた。

日本スーパーウェルター級王者の柴田明雄選手（ワタナベ）、東洋太平洋スーパーミドル級王者の清田《きよた》祐三《ゆうぞう》選手（フラッシュ赤羽）、アマチュア時代にリーグ戦などで対戦経験のある拓殖大学出身の松本晋太郎選手（ヨネクラ）らとも拳を交えさせてもらった。

大学時代から、プロジムを巡っていて、昔は、東洋太平洋&日本スーパーウェルター級王者のクレイジー・キムさん、日本ウェルター級王者の大曲輝斎《おおまがりてるよし》さん（ヨネクラ）、日本王座4階級制覇の湯場《ゆば》忠志さん（都城レオ）、世界挑戦経験のある西澤ヨシノリさん（ヨネクラ）

らともスパー経験がある。

　上から目線でいわせてもらえば、骨があったのは、東洋太平洋&日本ウェルター級王者のあきべえこと、渡部あきのり（協栄）である。年齢は一緒。スパーでの勝ち負けは、周囲の人間が評価するものだが、唯一、僕自身が「やられた。効かされた」と負けを認めたボクサーである。亀田三兄弟と絡んでいた影響からか、フルフェイスのヘッドギアをつけて、パンチを受けるリスクなど、気にもせずに殴ってきた。殺気があった。倒してやる！　という気迫がビシビシと伝わってきた。あきべえのガードががら空きだったので、アッパーを打ち込んだのだが、そのパンチに左フックを見事に合わされた。

　グラッときた。サウスポースタイルからのファイターで、あれだけ懐に入ってこられた経験はなかったので、一種のパニックにもなった。

　あきべえとは、今でも連絡を取り合っている仲で、協栄ジムが1億円でプロ転向というラブコールを新聞を通じて送ってくれたときに「そんな金があるなら、あきべえに使って欲しい」とコメントしたのは、そういう仲のボクサーだからである。

　できれば、もっとプロ・アマの垣根がなくなっていいと思う。

　ただ、お互いが共存できるような距離感は必要だ。プロに優秀な指導者が流れるのも怖い。例えばまだ在学中の学生への強引なスカウトなど、アマからプロへの引き抜きも避けねばならない。そこには、共存共栄していくためのモラルやルール作りが必要だと思う。

ミドル級の日本人金メダリストは、今のままでは、おそらく二度と出ない

驕りや自惚れではなく本音で書くが、今のままでは、今後おそらくミドル級のメダリストは日本から出ないだろう。２０１２年の国体では、竹迫司登《たけさこかずと》選手が、僅差の判定で準優勝だった。彼は、五輪後にろくすっぽ練習もせずに出場した国体の近畿ブロックで、僕が一方的にＲＳＣ勝利した選手である。彼も国体までにレベルアップしたのだと思うが、現段階で日本と世界の間には、それくらいの差があるのも事実だ。

ミドル級で今後、日本からメダリストを生み出すには競技人口を増やすことに尽きる。ボクシングの底上げ、普及が絶対条件になってくる。

例えば、僕が２０１２年のクライマックスシリーズで始球式をさせてもらった読売ジャイアンツのピッチャーやサッカーの日本代表クラスという、肉体と運動神経に優れた逸材が、ボクシングを選択してくるようになれば変わってくるだろう。

日本では、どうしてもボクシングは体重の軽い人が行うスポーツという固定観念が拭えない。小さい頃から肉体的に目立つアスリートは野球やサッカーに行ってしまう。

プロ野球の契約金は億を超える。サッカーも海外でプレーできれば億単位。ボクシングも超一流外国人選手の間では、目が飛び出るファイトマネーが飛び交っているが、日本の国内では稼げるとまではいえない。現状、プロとして経済面での待遇がいいとはいえないから、ポテンシャルを持ったアスリートにとって魅力のある競技ではないのだろう。

特にアマチュアの社会人では、活動できる幅はもっと狭まる。海外ではオリンピックのメダリストとなれば、一生が保障されている国もあるが、日本では残念ながら期待はできない。野球やサッカーで通用しないと考えた人間か、僕みたいなひねくれものがボクシングにこぼれてくるという状況では、重量級の逸材登場に期待はできないのだ。

日本のアマチュアボクシング界は、大学を卒業してから、ボクシングを続ける環境がほとんどない。僕は東洋大の職員という仕事があったが、恵まれた環境でボクシングに集中できるのは自衛隊体育学校くらいしかないのが実情だ。

女子レスリングの吉田選手や伊調馨《かおり》選手を抱えているALSOKのような企業にサポートしてもらえる環境を整える必要があるだろう。実は、昔はALSOKには、ボクシングでも採用された選手がいたのだが、それは新潟国体を見据えての強化で、オリンピックというスパンでの支援ではなかった。何せ44年もオリンピックでメダルを獲得する選手が日本のアマチュアボクシング界からは、誕生していなかったのだ。それも無理はない。

僕が、外国人コンプレックスを払拭してメンタルを克服できたのは、大学を卒業してからである。日本アマチュアボクシング連盟の山根明会長の尽力で国際試合で多くの経験が積めたことも大きい。大学卒業後もボクシングを続けることのできる環境を作ることが、今後のアマチュアボクシング界の大きな課題だと思っている。連盟も一緒になって、企業とのタッグや支援、協力を模索するなど、社会人としてボクシングに没頭できる環境作りに着手しなければならないだろう。

幸い、現在、キッズボクシングが、非常に盛んになっている。しかもレベルが高い。そこから重量級が出てくればいい。そういうゴールデンエイジを掘り起こすには、親がボクシングをやらせたいと積極的に考えるように、「ボクシングは不良のやるスポーツ」というイメージも変えていかねばならないだろう。

シュガー・レイ・レナードの美しすぎるヒット&アウェイ

僕は、中学時代には、フェリックス・トリニダードが大好きだったが、史上最高のボクサーは誰か？　と聞かれれば、5階級制覇を成し遂げ、「黄金の中量級時代」を作ったシュガー・レイ・レナード（アメリカ）の名前を挙げたい。モハメド・アリ（アメリカ）や、マイク・タイソンという名前も当然出てくるだろうが、彼らはヘビー級。僕はミドル級なので、同じ中量級で輝いたボクサーを選んでしまう。デ・ラ・ホーヤ、フロイド・メイウェザー（アメリカ）、パッキャオらも、素晴らしいが、まだ、過去の人として語るには早すぎる気がする。メイウェザー、パッキャオは、まだ現役である。

そう考えると、シュガー・レイ・レナードしかいない。

モントリオール五輪のライトウェルター級の金メダリスト。僕はそこに共感しているのかもしれないが、スーパーエキスプレスと称されたスピード、テクニックに加え、KOを演出する日本刀のようなキレのあるパンチ。そしてよきライバルたちと、語り継がれるような名勝負を繰り広げた。

宿敵、ロベルト・デュランとは、三度戦った。初対決は、〝石の拳〟と呼ばれたパナマ人の強打に屈したが、人々に忘れられない歴史的な伝説を作ったのが、ニューオリンズのスーパードームで行われたリマッチである。

美しすぎるヒット&アウェイを徹底させ、8ラウンド、ついにデュランは、「ノ・マス（もう終わりだ）」と告げて試合を投げた。魂のボクサーにギブアップさせてレナードは見事にリベンジを果たす。〝ヒットマン〟トーマス・ハーンズ（アメリカ）戦では、当たったか当たっていないかわからないようなオーバーハンドのパンチで倒すと、「さあ、フィニッシュするぞ」と、右手をグルグルと回してのパフォーマンス。スター性を含めすべてを兼ね備えたボクサーではなかったか。

彼もまた、引退と復帰を繰り返したボクサーである。眼疾の後の復帰戦には、WBC世界ミドル級王者、マービン・ハグラー（アメリカ）を選んだ。それも、まさにドリームマッチだった。

ただ、時々、本当に一番強いのは、この人ではないかと思うボクサーが一人いるので、付け加えておきたい。WBA&IBF世界スーパーライト級王者のアーロン・プライヤーである。

1980年代に活躍した選手なので動画やDVDで見ただけだが、異名はThe Hawk（荒鷲《あらわし》）。ビースト（野獣）とも呼ばれた。とんでもなく荒っぽい。「どこまでやんねん」というくらいぶんぶん殴り続ける。無尽蔵のスタミナも凄いが、凶暴な超攻撃的なボクシングは、ボクシングの原点に回帰するようなスタイルで、本当に惚れ惚れする。名ボクサー、ニカラグアの貴公子、アレクシス・アルゲリョと名勝負も演じ、二度、倒しているが、不運が続いて中量級の超スターボクサーにはならなかった。ちなみに、プライヤーは、日本の亀田昭雄選手とも試合をしている。なぜか、僕はこういう個性的なボクサーにも惹《ひ》かれる。

金メダルにだけぶら下がって生きたくはない

アスリートの引き際は難しい。

特にボクシングは、ボクシングジャンキーという言葉があるほど、一度、取りつかれてしまうと、なかなかグローブを壁に吊ることの決断ができない競技らしい。ボクシングは、一度味わった喧騒が忘れられない種目だともいわれる。

本能が喚起される格闘技だからか。アドレナリンが全身を駆け巡り、社会的なルールの上で抑圧されている暴力的な行動を、リング上では正々堂々と表現することができるのだ。その快感を一度でも味わってしまうと、なかなか抜け出せないのかもしれない。

モハメド・アリも、僕が史上最高のボクサーと考えるシュガー・レイ・レナードも引退、復帰を繰り返した。マイク・タイソンもそうだ。復帰して敗れて、ようやく限界に気づく。

しかし、引き際を間違えるとリスクを背負う。ボクシングのダメージは怖い。嫁さんも、そこだけは心配している。肉体的限界が顕著に出る競技なのだ。

ロンドン五輪の開会式で、モハメド・アリが登場したことには感動した。しかし僕は、満足に歩けなくなっていたカリスマの姿を見て素直に喜べなかった。世紀のカリスマも、引き際を誤り、肉体の限界を超えて戦っていたのかもしれない。スパッとやめた人で思いつくのは、WBA世界スーパーフライ級王者だった飯田覚士さんくらいではないか。ボクシングジャンキーとなってしまったボクサーは、中毒者として生きていくしかないのか。そういう僕もすでにボクシングジャンキーなのかもしれないのだが（笑）。

僕は引き際の美学をわきまえた上で、オリンピックの金メダルを最後に引退しようと考えていた。金メダルを取って生活を安定させ、海外に留学して、これまでボクシング界に足りなかったスポーツ科学をしっかりと勉強して、それを後進の指導に生かす。そういう引き際が、美しいと考えていたが、ブレやすく感化されやすい性格だから、なかなか、それができない（笑）。実際何度か、引退コメントを出している。単純なアホだから熟慮せず、その時々で、素直な気持ちを口にしていたのだろう。

中学時代に2回。学生時代に1回。いや、なんきん（南京都高校）時代の最初の敗戦で「もうやめよう」と思ったことを数えれば、これまでに計四度、ボクシングから逃げ出してしまおうと決断している。引退の4階級制覇をしたのだ（笑）。さすがに、「そろそろ勉強せえよ」というところである。引退の5階級制覇は、いつか来るだろうが、欲にかられることなく、今度こそ、引き際を間違わないようにしなければならない。

２０１２年のシーズンを限りに引退された阪神タイガースの城島健司さん、金本知憲《ともあき》さんは、肉体的な限界から一流のプレーがこれ以上できないという理由で、さっと一線を引かれた。カッコいい引き際だった。

逆に辰吉丈一郎さんや、サッカーのカズこと三浦知良《かずよし》さん、ゴン中山こと中山雅史さんのような、とことん現役であることにこだわるという生き方も美しい。

辰吉さんの名言集は、よく読む。

「自分の人生は1回きり、好きにすればいい」

素直に「ええこと言うなあ」と思う。

おそらく、あの人はリングで死ぬつもりだろう。それはボクサーの理想でもあると思う。サッカーは詳しくないが、カズさんもそうなのだろう。好きなことをやり続ける、何かを追い求め挑戦をし続けるという継続の力に対してはリスペクトせざるを得ない。

オリンピックにおけるボクシング競技の参加資格は、健康管理上の理由から17歳から34歳に制限されていて、今後、オリンピックにこだわるならば、34歳以上になるとやりたくてもできなくなる。つまり、僕は次のリオ五輪で30歳、東京が開催地に立候補している２０２０年で34歳だから、そこが引き際となるわけだ。

日本のプロボクシングでは、ライセンス交付の年齢制限が36歳とされている（ただし、現役王者は陥落するまでOK。また、元世界王者、元東洋太平洋王者、元日本王者、世界挑戦経験者、現役世界ランカーに限り、37歳を超えてもJBCの審査とドクターチェックをクリアすれば可能)。

ボクサーとして経験、肉体、精神、すべてが充実する年齢は、もちろん個人差はあるだろうが、25歳から32歳の間くらいだろうと考える。ピークの年齢でいえば、28歳から30歳くらいまでかもしれない。プロの世界を見渡してもマニー・パッキャオやフロイド・メイウェザーは33歳を超えたくらいから、衰えたように感じる。肉体的な限界は必ずくる。しかし、そこには個人差があって、32歳の内山高志さんは驚異的で、今なお伸び続けているように見える。

今の僕に肉体的な限界はない。

しかし、ボクシングは心技体が揃わなければ、リングに立てない。その意味で精神的限界はある。戦うモチベーションをどこに求めるかという問題である。

最大の目的だった金メダルは取った。名誉も得た。知名度も得た。では、あとは何だ？　思慮浅く目先のニンジンに食いついてプロに行けば、恥をさらすことになるかもしれない。

そう考えると今が引き際かもしれないと思ったりもする。

モチベーションアップのために目標設定表というものを書いていた話を前述したが、その一番上の欄にあるのが「夢のような目標」だった。

そこには、「プロになってラスベガスで試合をする」と書いていた。去年の段階で自分でそう書いたのだから、プロ転向する気持ちは、ゼロではなかったわけである。

ヘビー級にスターがいなくなってから、アメリカのマーケットの人気の中心は中量級で、プロのミドル級のビッグマッチの興行は、数十億円単位だといわれている。

アメリカでやるといっても、日本人への期待度は高くない。

WBC世界スーパーバンタム級の名誉王者となった西岡利晃さんが、ラスベガスのMGMグランドのリングに立ち、2012年10月には、超スーパースターのノニト・ドネアと、アメリカのロスでドリームマッチを実現した。西岡さんが扉をこじ開けたことで、今や日本人ボクサーにとってラスベガスは夢の世界ではなくなったが、僕は、ついつい現実的に考えてしまう。

マニー・パッキャオが、アメリカにあるフィリピン人のコミュニティに火をつけ、次代スターのドネアにつながった。ドネアはマーケットを持っているが、日本人がアメリカのマーケットで認められるかどうかについては疑問である。

例えば、オリンピックで2つの金メダルコレクターとなったオリンピアンのWBA世界スーパーバンタム級王者、リゴンドーは、とんでもない強さを誇るボクサーだが、キューバからの亡命選手というバックグラウンドもあって人気はあまりない。きっと金メダリストの僕がプロに転向しても、世界のマーケットではまだ商品価値はないだろう。

では、「日本でやればええやないの」という考え方もあるだろうが、ミドル級の人気のある世界チャンピオンを呼ぶには、最低、10億円以上のファイトマネーがかかるだろう。どう考えてみてもビジネスとして成立は難しい。

そんな背景は一切関係なく、「拳ひとつでのし上がればええやんか」「それが男のロマンやろ」と言う人もいるかもしれないが、今の僕にそこまでの自信はない(笑)。

プロに転向した後に、負けてしまったり、怪我をした場合のリスクヘッジもない。

そういう超現実的な結論の出し方をして「プロ転向はゼロに近い」と発言してきたのだが、こればかりは、どうなるかはわからない。僕はブレやすい性格だから(笑)。

また何かのきっかけで感化されて調子に乗って、「いっちょやったるわ」となるかもしれないから、この本でも、近い将来についての結論は書かない、いや書けない。

「なんやねん、それ。祭りのお化け屋敷と一緒やんか。期待して読んだのに答え書いてないやん」と、お怒りの読者の方々もいらっしゃると思うのだが、どうかお許しを願いたい。

ただ、あくまでも希望の段階だが、海外留学に関しての興味は強い。

ボクシングにおける海外の指導方法、練習方法、取り組み方、ボクシングへのイメージや世論がどう形成されているか、また、その各種団体の運営方法などについても知りたい。それらの知識を持って帰って、日本のアマチュアボクシング界や母校である東洋大に、少しでも貢献したいと考えている。それが僕にしかできない恩返しだとも思う。

そうなれば、当然、海外でいろんな選手と拳も交えるだろう。もっとボクシングが好きになって、新しいモチベーションが生まれるかもしれない。また、ボクシングだけではなく、もっと広い世界を見て、アホな僕なりの見聞も広げたい。

とにかく、金メダルにだけぶら下がって生きたくはないのだ。

この先、何のチャレンジもしなければ、僕の人生は金メダル以下になるだろう。現状維持で生きていくのではなく、金メダルを取った村田諒太に、何かを積み上げて、金メダルを過去のものにしなければならないと思っている。

イチローさんが、恰好いいことを言っていた。

2012年の地区優勝のシャンパンファイトをしながら、「どうですか？」とインタビューされて、「この瞬間は最高だけど、この瞬間は今から過去になる」と。

今後の人生に、金メダル以上のものがあるかといえば、ないかもしれない。しかし、金メダルの本当の価値は、これから先の生き方で決まる。

11月に、僕は秋の紫綬褒章をいただいた。学術、芸術、スポーツの分野の功労者に授与される褒章だと聞いたが、光栄であると同時に、僕みたいな人間が受章させていただくことに大変申し訳なく思った。過去の受章者の方々の名前を拝見すると、それぞれの分野で長年にわたり、日本に対して大きな功績を残されてきた人達ばかりだった。この褒章にふさわしい人間になるためには、今後、自分の人生を費やし日本のボクシング界、スポーツ界、ひいては国のために貢献しなければならない。

これからの僕の人生がのちのち評価されて、それくらいの年齢になったときにいただければ、胸を張ってもらえると思う。自分を客観的に見ると、その日は、きっと来ないだろうけれど（笑）……金メダルにぶら下がらない生き方とは、そういうことである。

2012年8月の村田諒太こそが、今後の人生の最大のライバルである。

最終章　プロ転向、そして世界ミドル級王者として

スタートは綺麗事でなくていい

何かを始めるとき、そのスタートは決して綺麗事でなくていい。

２０１３年4月12日、東京・九段のホテルグランドパレス。僕は、スタイリストに髪形を整えてもらい、プロ転向の記者会見に臨んだ。

今、プロ入りを決断した理由を思い起こすとき、当時、「日本のボクシング界に貢献したい」「社会的な貢献をしていきたい」「世のため人のためになりたい」という考えが、転向の理由にあったかと言えば、それはなかったに等しい。

突き動かされたのは、不平不満だった。

「２０１６年のリオデジャネイロオリンピックを目指します」と発言したときは、アマチュアボクシング界からは、「お前は引退したんだから」と認められなかった。

イギリスへ留学したいという気持ちもあったが、その希望もうまく進まなかった。大学にも、アマチュアボクシング界にも、僕の居場所はなくなっていた。

金メダルを取ったのに、なぜ。

大学に貢献したのに、なぜ。

そういう不平不満が、積み重なっていく。

大学職員としての生活を続けていく気持ちは失《う》せていた。金メダリストとして、チヤホヤされ、普段会えないような人に会い、行けない場所に行き、テレビに映り、大勢の前で自分を語るチャンスを与えてもらう。特別な扱いを受けて、特別であることが何かを知った。禁断の果実をかじってしまったとでも言えばいいのか。

オリンピックの金メダリストとして、また学生部の机に座ってパソコンに向かい合い決まった給料をもらう、同じような生活には戻れない気がした。特別を知ってしまった人間が陥りやすい、その新しく知った世界への依存心である。

「自分は特別なんだから、特別扱いして欲しい」という甘えである。

当初、妻は、プロ転向に反対していた。不平不満ばかりを口にして、「だからプロへ行く」と訴える僕に対して、こう言った。

「そんな文句ばかりをぶつくさ言っている人間がプロへ行ったところで成功するわけがない」

それがプロ行きの背中を押してくれない理由だった。

ちょうど、そのタイミングでＮＨＫの「課外授業 ようこそ先輩」という番組に出演した。

出身校である奈良市立伏見小学校を訪ね、6年2組の25人と数日間、僕が先生役になって同じ時間を共有した。

僕は、ボクシングとの出逢いを語り、夢を語り、そして子供たちにも「出逢い」「心に残っている言葉」というテーマの作文を書いてもらった。

その時に一人の女の子が、こんな一文を読み聞かせてくれた。

「お母さんに出逢えてよかった。学校に行くのが嫌いだったけど、お母さんはいつも近くにいてくれたから」

その言葉を聞いて、不覚にも泣いてしまった。そして、子供たちと夢について語りながら、こう思った。

「自分も子供の頃の夢を、もう一度追いかけなければいけないんじゃないか」

純粋な自己表現である。

今から考えると、確かに退路も断たれていたが、プロ転向することを肯定する要素を自分で探して拾い集めていたのだと思う。

不平不満、という反骨心は残っている。そこに金メダルの次にある夢の実現……という肯定要素が加わった。

妻に自分の決断理由を、今一度、整理して、ぶつけてみた。

「夢を追いかけたい」

するとと妻は「じゃあいいんじゃない」と、意外にもあっさりと許してくれた。

内的な要因と外的な要因、いろんなものに巻き込まれながら、僕はプロへ突き進むことになる。金メダルを獲得した直後には、アマはプロより下ではない、しかし、プロがアマの下にあるとも思わない、と思っていた。

プロでは4団体に世界ベルトが存在し、約70人もの世界王者が乱立する。対してオリンピック王者は、ひとつの大会で10人。

僕は当時、「そこにリアルがあるのですか」と問いかけ、「最強を求める感覚は僕の場合はオリンピックなのだ」と思っていた。

その僕がプロへ行く。それは矛盾の肯定とも取れる行為だった。

人は、自分の仕事や一心にかけているものに、意味を持たせたいのだ。

アマチュアの自分というものに対して意味を持たせたいから、こういうふうに語っていたのだろう。人間は、自らの行動にどれだけの意味があるかを外に向けてアピールしたい生き物なのだ。他者からの評価を求め、自己満足につなげる一種のナルシズムである。

今振り返れば、僕のプロへのスタートは、結局〝こんなもの〟だった。

詳しくは後述するが、今僕がプロのリングで戦う理由はこの頃とは違ってきている。

誰かのために――他者貢献を強く意識するようになった。

それはプロで5年間、戦い、紆余曲折を経て辿《たど》りついた哲学であり、何も最初から崇高なる理想などを持つ必要はないのだ。

何かを始めるときに、「こんな目的でやらなきゃいけない」「こんな考えを持って行動する自分は汚いんじゃないか」などと考えて尻込みする必要もない。

その動機が、社会的に理想とされるものと乖離していようが、夢や目標や目的は、どんどん変化していくもの。それを成長と呼ぶかどうかは別にしてスタートよりもゴール、いや、今現在の進行形の結果が一番大切なのだ。

父の言葉と息子の勇気

デビュー戦の相手は、ミドル級のOPBF東洋太平洋王者の柴田明雄さんだった。

柴田さんは、内山高志さんを生んだ名門ワタナベジム所属の叩き上げで、アマ経験はない。スーパーウェルター級の日本、OPBF東洋太平洋王者から階級を上げて2階級制覇を果たしていた。

「デビュー戦は、柴田だから」

ジムの会長から、そう聞かされ「大丈夫です。ハイ！」と二つ返事したが、内心「え？いきなり相手が東洋チャンピオンって……罰ゲームですか」という複雑な心境もあった。

オリンピックの前に、柴田さんとのスパーリング経験があり、そのときは僕が圧倒していた。そこは、心の支えのひとつではあったが、スパーリングは、両者のそのときのコンディションの良し悪しに左右される。実力は、それだけでは計り知れないものがある。

プロデビュー戦を前に僕は不安と恐怖に襲われた。

スパーリングパートナーを求めてラスベガスへ行き、ボクシング漬けの缶詰生活だったから、なおさら思いつめた。

殴られる恐怖ではなく、倒される恐怖。金メダリストという自分の称号を失う怖さだ。自らのアイデンティティの消失を恐れたのである。

僕は、柴田さんと戦う以前に、周りの目と戦っていた。自分はどう見られるのか、という他者評価だ。

後に父から本を送られ、学び、影響を受けた哲学者、アドラーは、「他人にどう見られるかに恐怖を感じ、目に見えない仮想の敵と戦うこと」を「シャドーボクシング」と表現したが、僕は目に見えない敵と戦っていたのである。

見学者のいない密室ならば、マイク・タイソンとだって戦いたい。

だが、スパーリングとはいえ人の目にさらされるとなると、タイソンへの恐怖ではなく、「自分がボコボコにされるシーンを、人に見られるのが嫌だ」という、もうひとつの恐怖に支配される。

このときの僕は、シャドーボクシングをしていたのである。

何度かメールや電話でSOSを送った父が、デビュー戦の前に東京に訪ねてきた。

当時、2歳だった息子の晴道は、おじいちゃんの登場に興奮したのか、30センチほどの高さのソファーから何度もジャンプして見せた。無事に着地できる姿を見てもらうのが嬉しかったのだろう。繰り返し、繰り返し跳び続ける孫の姿を見て、父が言った。

「晴道が何回もジャンプするのは、自分がそれをできるようになったことが嬉しいんだ。こうやって何かをできるようになってきた、それを人に見せるのが嬉しい。失敗しても成功してもこの子は気にしていない。諒太も、そういう精神でいいんじゃないか。プロボクサーとして勝った負けたは関係ない。プロボクサーとしての姿を見てもらうことに喜びを感じれば」

しかも、晴道は、ソファーから飛び降りる前に「どんぐりころころどんぐりこ。お池にはまって、さあ、たあい（大変）」と、何かの呪文のように歌ってからジャンプした。

「大変」と言えずに「たあい」と言うのが可愛いが、考えてみれば、2歳の子供なりに大きな声で歌うことで自分を鼓舞していたのだ。30センチと言えど、「転んだら」の恐怖がある。飛び降りるには勇気がいる。

父の言葉と息子の小さな勇気。

ロープをくぐる前で躊躇していた僕は、2人に背中をポンと押された。

「自分が、やってきたことをプロのリングで表現して、それを見てもらうことが嬉しいと思うだけでいい。勝った負けたは気にしなくていい」。そう開き直れた。

2013年8月、プロデビュー

2013年8月25日。暑い夏の終わりだった。

有明コロシアムの奥まったところにある、だだっ広い控え室で、10オンスのグローブを着けたとき、不安はすっと消えた。

練習で使用している16オンスのグローブに比べると明らかに小さい。バンデージの巻き方もアマチュア時代とは違い、手首をしっかりと固定して、まるでコンクリートのように拳が固まっている。

「このグローブでまともに当たって倒れないわけがないな」

その瞬間、勝てると思った。

ゴングが鳴った瞬間に軽いワンツー、そして右ストレートをパーンと打ち込んだ。柴田さんの膝が、かくかくと震え、その表情に少し怯《おび》えのようなものが浮かんだ。

僕は、調子に乗ってコンビネーションブローを浴びせにかかるが、空いたガードをぬうように右のカウンターブローをもらった。ヘッドギアをつけずに初めて味わうプロの10オンスグローブのパンチである。軽いパンチだったはずだが、脳がぶっと揺れたのがわかった。

「危ない。タイミングが浅かったからいいけれど、もし深かったら倒れるな」

危険信号が出たのだろう。僕はすぐに頭の位置をずらして打つように修正した。

2ラウンド、ボディを振り回し、アマ時代には、ほとんど打たなかった左ジャブも意識的に使った。右のオーバーフックがテンプルに当たると、柴田さんは、よろけた。効いていた。カウンターの右を合わせ、さらに右のブローを続けるとレフェリーが割け入った。2分24秒、TKO勝利だった。

まだプロフェッショナルとは言えない、アマチュアに毛が生えただけの喧嘩ボクシングだった。最高の形でプロの第一歩を踏み出したが、僕は、ここから先、スランプという名の泥沼にはまりこんでいくことになる。

練習日誌をつけるのをやめた理由

プロになってから、練習日誌はつけなくなった。

感覚のスポーツを文字化すると具体化してしまう。それはボクシング的によくないことだ。狂う。メカニックに決まった形はなく、感覚で行うスポーツは特にそうだ。

ゴルファーを狂わせてしまうのは、打法を細かく説明させることだと聞いたことがある。意識が、そこへ集中してしまい、感性で打てなくなるという。

元来、僕は考えるタイプだ。ボクシングのことを考え始めると、とことん深みにはまる。絡みあった糸がほぐれないようになり、リラックスできなくなる。

こうなるとすべてが悪循環。スパーリングパートナーの関係もあってデビュー戦前からしばらくは試合前にラスベガスに渡ってトレーニングを積んだが、陸の孤島のようなベガスで、ホテルとジムだけの往復生活を続けると、永遠にボクシングのことを考えて離れられなくなってしまっていた。

夢にまでボクシングが現れてくると、メンタルがやられている証拠。

練習日誌をつけると、そこに〝囚《とら》われ〟が生じ、なおさら迷路に迷いこむ。

ただ完全にやめたわけではなく、ピピッと感じたことは、「頭の位置」「手が離れるのが遅い」というふうに、端的にメモには残した。

きっかけは、夢のラスベガスが絶望へと変わった、僕のキャリアの上で史上最悪のあの試合だった。

2015年11月7日、ラスベガスのトーマス&マック・センターでの、アメリカデビュー戦。パッキャオに土をつけたことで名を馳せたWBO世界ウェルター級王者、ティモシー・ブラッドリーが、元WBA世界ライト級王者のブランドン・リオスと初防衛戦を行う、そのアンダーカードで、元WBOオリエンタルミドル級王者の、ガナー・ジャクソンと対戦した。

全階級で最もマーケットが熱いミドル級での世界戦を実現するため、ロンドン五輪金メダリストというだけで、どこの馬の骨かもわからない東洋のミドル級ボクサーの名を世界へ売るのが目的だった。僕は、まだ客もまばらな会場で、一度として見せ場を作れないまま、10ラウンドのゴングを聞くはめになった。

完全なスランプだった。

倒せない。当然、調子も良くなかった。

「前に出てこない相手を倒すのは至難の業だ」と、内山高志さんらも気を使ってコメントしてくださっていたが、戦っている相手のレベルから考えると、倒さなければおかしかった。

ジャクソンを倒さないなら、せめてギブアップには、もっていかねばならない相手だった。

「アマチュア時代の俺の方が強いんやない？」と自問することさえあった。

プロ転向後、2年目となる２０１４年には、メインに元6階級王者のマニー・パッキャオが登場したマカオのリングを経験させてもらった。

4試合目は、濃密な高校時代を過ごした京都での試合を組んでもらい、KO勝利を続けていたが、5試合目の試合となったアドリアン・ルナ戦は、初めて判定までいった。倒しきれなかった。

その後、彼は、そのタフさを買われてスパーリングパートナーとして来日、彼との不思議な友情関係が続くことになるのだが、年末のジェシー・ニックロウも判定での決着になり、僕はスランプに陥っていた。

おまけに、２０１５年5月1日に世界ランカーのダグラス・ダミアオ・アタイデとやった後の練習中に、肩の腱脱臼みたいな怪我をして、半年間、試合間隔が空いた。

トレーナーが構えたドラムという大型のミットを打ち抜いたとき、その衝撃に耐えられなくなり、肩が外れたのだ。

体が先行して遅れて手が出てきた。体が開き、肩の関節がルーズな状態で打った。最悪のパンチの打つ形だった。今、思えば、それを知っただけで、あの半年間は悪いものではなかかったのだが、スランプの僕に追い討ちになった。

そしてラスベガスでの醜い試合である。

僕は、この試合を最後に、日記を書くことをやめた。

フランクルの「夜と霧」

プロデビュー後、岡山の父から時折、本が届くようになった。

本棚にぎっしりと、本を並べている父は、その中から、悩める僕が、その出口を探すきっかけにでもなればと、1、2冊をチョイスして送ってくれるのだ。

プロになって1年目のラスベガスキャンプで読んだ、一冊の本がある。

世界的ベストセラーとなったビクトール・フランクルの『夜と霧』。

ユダヤ人としてナチスのアウシュビッツ強制収容所に入れられ、絶望のさなか、希望を失わなかった人たちの姿を描き、人間の生きる意味を問う作品だ。フランクルは説く。

「人生に意味を求めるんじゃなくて、人生からの問いかけに対してどう答えていくか」

つまり今できること、自分のできることに集中せよ、「what can I do」の精神だ。

何ができるか。今の自分にコントロールできることは限られている。

他者評価にとらわれる必要などもない。

僕は今の自分を知ることだと思った。

本音を言えばスランプに陥っている自分の情けない映像など見たくない。水溜まりで転んで泥だらけになった瞬間の映像など誰が見たいものか。ただでさえナルシストである。

これまではKOを続けている自分の昔の映像を見て修正しようとしていたが、その作業は、ナンセンスだった。まず知らなければならないのは今の自分だった。

「ありのままの自分を受け入れる」。自己受容の考え方である。

逃げずに今の自分と向き合い、自分の映像をよく見ることを始めた。

ダメだった試合。最新の試合。

そしてジムのスパーリング風景もスマホを設置しておいて録画した。

何かをロジカルに説明しようとすれば感覚が狂う。肉体も技術も違う今と昔を感覚だけで重ねることには無理がある。だから今を分析することが大事だった。

ある日、映像を見て気づいた。パンチを打つ際に左腰が高くなっていたのだ。

まるで坂道を上っていくかのように右の足が下がっている。何度も映像を再生した。原因を探す。右足の踏ん張りが効いてないのかなとも考えたが、そうではない。重心の位置が後ろすぎて、パンチを繰り出す際に前足に体重が乗っていなかったのだ。

重心に対する考え方を変えてから、パンチへの体重のノリがたちまち良くなった。スパーリングで相手を倒し始めた。

思えば減点主義だったのかもしれない。自分の長所に目をやらず、短所の克服ばかりに時間を割いた。それらは結果的に間違っていた。本来、持っている僕のスタイルがある。僕が、牛肉だとすれば、オリンピックで金メダルを取ったステーキをプロでは味付けを変えるだけで良かったのに、できもしないカリフォルニアロールを作ろうとしていた。

僕という食材は変えられないし、変える必要もないのだが、そこを難しくとらえすぎていた。だが、スランプは経験期と言い換えてもいいのかもしれない。

すべての経験は、人生にとって必要なことだ。悪い時期に経験したことが、人間を成長させる。このスランプで、僕はボクシングをより深く知ることができた。遠回りに見えても、それはすべて通るべき道であり、長く走ったからこそ、足腰が鍛えられるのである。

ミドル級世界王者になった瞬間、涙の理由

ざわめきと静寂。

パイプ椅子が乱れなく並べられた満員の両国国技館は、時が止まったようだった。

7ラウンドが終わった1分間のインターバル。

「大丈夫だよな？」

挑戦者を示す青コーナーの椅子に腰かけている僕に田中繊大《せんだい》トレーナーのいつもの問いかけ。エブリシング・オーケー？　の意味だ。

リング下からは、会長のアドバイスが聞こえた。僕は、その声に耳を傾けながら、対角線上に見える赤コーナーのアッサン・エンダムの動きに目を凝らしていた。するとエンダムがセコンドの言葉に何やら首を振り、グローブを外そうとしている仕草が目に入った。

「会長、棄権ですよ」

「え？」

「棄権です」

実は、一番、最初にエンダムの棄権に気がついたのは僕だったのである。

立ち上がったエンダムの棄権の意思をレフェリーのケニー・ベイレスが確認すると、両手を左右に振って、僕のTKO勝利が宣告された。

熱いものがこみあげてきた。

なぜだろう。

インタビュアーに「泣いていません」、そう強がったけれど、溢《あふ》れ出る涙が止まらなかった。

みんなが立ち上がって、腕を振り、何やら叫んでいる。両国国技館特有の升席のお客さんまでが腰を上げている。歓喜の渦。こんな風景をリング上から見たのは初めてだった。

金メダルを取ったロンドンの「エクセルアリーナ」のリング上から見た風景でもない。「村田、やったぞ！」。野太い声に支えられた、ノンタイトル戦ロードの感激でもない。

喜んでくれている人の数が違った。

応援してくれている人たち一人一人のくしゃくしゃになった顔が見えた。主観の世界で感じたことだから、そう見えただけのことかもしれない。世界チャンピオンになって見える風景が変わるとは、きっと、このことなのだ。

涙の理由は2度目の挑戦にして成功した世界奪取の嬉しさだけではなかった。役割を果たせたという安堵《あんど》の涙だった。周囲が苦労して再戦の舞台を整えてくれた。帝拳ジムの会長、広告代理店の電通、放送局のフジテレビ。ミドル級という世界トップのマーケットで世界戦を実現することの難しさをボクシングマニアの僕は誰よりも理解している。

心から恩返しをしたいという思いがあったからこそ、それを叶えた喜びがあった。人のために何かができた。他者貢献を果たした幸福感である。

リング上で涙を流したのは、あの時以来だった。

僕は2011年10月の世界選手権の準々決勝でシュテファン・ハーテルに勝ち、ロンドンオリンピック出場を決めたとき、「武元先生！」と、その場にいない恩師の名を叫んで泣いた。故・武元先生の夢を叶えたという喜びだったと思う。本気でボクシングに取り組んでおらず、北京五輪に連れていくことができなかった罪の意識が、どこかにあったのだろう。

誰かのために――という感謝の気持ちを抱いたときに人には不思議な力が宿る。

ロジカルに説明のつくものではないけれど、そういうふうに人はできているらしい。そして、誰かのためにと考えるようになると人生の歯車がスムーズに動き始める。過去を振り返るとわかる。僕が大学職員のときに現役復帰した理由も、学生のためだった。

オリンピック出場も故・武元先生のためだった。けれど、そこから先は、「金メダルを取りたい」という自己中心的な世界に入った。

戦う理由が「誰かのため」でなくなったとき歯車が軋みだした。その世界観では、真の力というものが湧いてこなかった。金メダルは取ったが、オリンピック時のパフォーマンスは決してベストではない。

プロ転向後の歩みも「誰かのために」とは思えなくて、自己中心的だったと思う。

2016年の年末だった。世界戦を予定していた大橋ジムの井上尚弥《なおや》の弟である井上拓真が拳の怪我をして、急遽、その試合が流れた。この大会は、僕の全試合を中継してくれていたフジテレビの主催だった。何かのニュースで知った僕は、「フジテレビさんは放送の穴埋めが大変だろうな」と思った。なんとなくである。

生意気かもしれないが「力になれないか」と考えて、帝拳ジムの会長に相談した。「もしフジテレビさんが困っているなら僕が出ます。その代わり相手はインドネシアの6位くらいの楽な選手でお願いします」と、冗談も交えて話をした。

7月にラスベガスに遠征してから、試合間隔も絶妙に空いていた。会長が動いてくれた。フジテレビ側も「助かった」というリアクションだったらしい。

ポンポンといい形で進み、僕は、結果的に意外な強敵で不安に慄《おのの》くことになるブルーノ・サンドバルを3回に倒して、のちにエンダムとの世界戦に繋《つな》がっていくのである。

何も見返りを求めたわけではない。ギブアンドギブの精神だ。

哲学者アドラーは、貢献感の大切さを説く。

「自分が人の役に立っているんだという貢献感を持てれば、自分に価値があると思えます、それは勇気に変わります」と。

自分を世に認めてもらいたいという承認欲求より、他者貢献へのバランスが強くなるとき、すべてがうまく回り始めるのかもしれない。

しかし、人生の歯車は、ときにギシギシと異音を鳴らしたり、突然、逆回転したりするものである。

この試合の5か月前。僕はプロで初めての黒星を味わい、その試合は、疑惑の判定問題という世間を巻き込んだ大騒動に発展していたのである。

アッサン・エンダムとの一戦目

奇妙な胸騒ぎがあった。

リングアナウンサーが「勝者、WBA世界チャンピオン、アッサン・エンダム」とコールした瞬間、僕は横を向いた。エンダムがどれほどのリアクションを取ったのかも見ていない。

ジャッジの1人目のパナマ人が「116対111」でエンダム。

2人目のアメリカ人が「117対110」で僕。

そして、運命の3人目のカナダ人は「115対112」でエンダムを支持した。

「負けですか？　これで？」

一瞬、そうは思った。

プロボクシングの勝敗は、KO、或《あ》いはTKOで決まらない限り、リングの一番近くに座る3人のジャッジが、ラウンドごとにペーパーにスコアを書き込み、その合計点で勝敗を決定するルールである。

4団体すべてで「10ポイントマストシステム」が採用されていて、そのラウンドで優勢だったと判断したボクサーに、10点をつける。

採点基準も公表されているが、機械で数値化するわけではないので、ジャッジ個々の主観で判断され、バラつきも出る。

あくまでも試合の勝敗はジャッジが評価するもので、僕が判断することではない。

実際に、この試合を客観的に見ていたわけではないから、「そう判断されたのか」と、受け入れるだけの話。自分がコントロールできない問題にアレコレと意見や文句を言うつもりはまったくなかった。

そもそも、圧倒したという感覚もない。

僕は、自分を過小評価する傾向にあるようで、2015年11月にラスベガスで行い、判定勝利となったガナー・ジャクソンとの試合が終わったときも、判定を待つ間、傍《そば》にいるトレーナーに「判定大丈夫ですか?」「負けていないですか?」と聞いている。

結果、ほぼフルマークに近いスコアカードだったが、過大評価して「自分の方が強かった」と考えるタイプではないのである。

確かに後から映像を見返すと、「116対111」の5ポイント差判定を疑問に思うところはある。

4ラウンドにカウンターの右ストレートでダウンを奪い、12ラウンド中、3ラウンドはエンダムをグロッキー寸前まで追い詰めた。それでも、試合が終わった瞬間に、そこまで客観的に試合を分析することもできなかったし、僕は評価する側ではないので、する意味もなかった。

プロに転向して5年目で迎える初めての世界戦のリングは、これまでの試合と緊張感からして違っていた。有明コロシアムの控え室にも言いようのない独特の空気が流れていた。

どう戦うかという戦略にぶれはなかった。

アッサン・エンダムは、カメルーン出身で2004年にフランス国籍を取得した34歳のベテランの域に入るアウトボクサーである。僕と同じくアマチュア出身でアテネ五輪に出場、ミドル級でベスト8に入っている。

プロデビューは2004年だが、2010年にWBA世界ミドル級の暫定王者となり、2012年にはWBO世界ミドル級暫定王者にもなっている。

デビッド・レミューや、ピーター・クイリンというミドルのトップクラスとも対戦経験があり、いずれもダウンを喫しながらも判定までもつれこんでいるミドル級戦線で名のあるボクサーの一人だった。倒れても、倒れても起き上がってくる〝ゾンビ〟のようなタフさで有名だった。

　エンダムは1ラウンド目に強く、前の試合は、わずか22秒で右フック一発。相手をキャンバスに沈めてＷＢＡの暫定王者に返り咲いていた。

　その試合が「KNOCK OUT of the year」を受賞するほどのインパクトのある試合だったので、どうしても強打のイメージがこびりついていた。そういう映像がインプットされるとついつい相手を過大評価することになるのだ。

　考えれば考えるほど、不安が広がる。右の角度がわかりづらいのではないか、どの角度から来るのか、それが果たして見えるのか、ブロックで通用するのかとか、ステップワークはどれぐらいのスピードなのか、未知の化け物がどんどん巨大化していく。

　会長は、そんな僕の不安を見透かすように、こんな指示をくれた。

「1ラウンド目はパンチを出さなくてもいいから、ガードを固めながら、パンチがどれくらいのものか、特に独特の角度がある右と、そのタイミングを確かめよう」

　乾いたゴングの音が有明コロシアムに響くと、僕は、顎を引きグローブを顔の前に置いて、その間からエンダムの全体を見ながらジリジリと前へ出た。ボクシング用語で言うプレッシャーだ。

エンダムは、ステップを踏みながら、そのガードの上から左のジャブ、左のフック、そして、右ストレートと一通りのすべてのパンチを見せてくれた。

パンチの衝撃は、想定以上ではなかった。

スパーリングと試合では、脳内に分泌されるアドレナリンの量が違うので単純比較はできないが、２０１４年にキャンプに合流させてもらったミドルの統一王者、ゲンナジー・ゴロフキンや、世界戦経験がありスパーリングパートナーを務めてもらっていたマイク・ジョーンズと比べると、それほどの恐怖感を抱くものではなかった。

「まともにもらったら危ないかもしれないけどブロックで耐えられないことはない」

このラウンドは偵察に徹した。打ったパンチはわずか3発。

1分28秒に軽い左のジャブ、続いて左のフェイントしか打たなかったが、残り10秒を示す拍子の音を聞いてから、一発だけ右のストレートを思い切り打った。

威嚇である。ボクシングには警戒心や恐怖心を利用した駆け引きがある。

ちょっとした心理の変化で、立つ位置が半歩違ったり、体の向きが変わったりする心理戦ゆえ、啖呵《たんか》代わりに一発打ったわけである。

4ラウンドの終わり、エンダムの右のアクションにあわせて放った右のカウンターブローが顎を打ち抜いた。エンダムはダウンした。

ただ読みきったパンチではなかった。ワンツーのワンをはぶいた右が、偶然カウンターになったのである。

5ラウンドもロープへ吹き飛ばす。

7ラウンド、コーナーにつまると、エンダムの左のガードの上からおかまいなしに右を叩き込んだ。ガードをつきやぶってパンチがテンプルをかすったのがわかる、腰を落としたエンダムは両手でロープをつかんで、なんとかダウンをまぬがれた。

手ごたえはあった。だが、エンダムは足を使い、軟体動物のように体を入れ替え、クリンチで腕をからめ、最後の一手を封じこめにきた。詰めきれなかったのである。

試合は11ラウンドに突入した。

この11、12ラウンドをボクシング界で「チャンピオンズラウンド」と呼ぶ。世界戦以外のノンタイトル戦のほとんどが10回戦で行われるため、この11、12ラウンドを、そう呼称するもので、実際、僕もプロ13戦目にして、初めて体験するラウンドだった。

楽しかった。未知のラウンドでまだ殴り合えている自分がいることが。

今日という日まで、自分が世界のトップクラスを相手にどこまで通用するのか、半信半疑だった。長所だと信じて磨いてきたガード、プレッシャー、右ストレートは通用することがわかった。そして、何より自分に対する可能性を感じることができた。楽しいという感情が湧き出たのは、そういうことだったのだろう。

敗れたが、なんら恥じることのない、プライド高き12ラウンドだった。

その夜、僕は、ホテルでほとんど眠れないまま一夜を明かした。

そして翌日、エンダムに会いに行った。彼に伝えたいことがあった。判定に遺恨を残したまま、サヨナラすることが心のどこかにひっかかっていたのだ。ホテルの館内電話から何度も直接部屋へ電話した。やっとつながると、エンダムは快くロビーまで出てきてくれた。

「この判定は、僕たちが決めたものじゃない。僕たちは互いにベストを尽くした。互いに素晴らしい夜だったじゃないか。それだけで僕はいい。批判や、判定に対して、今後、いろんな意見が出てきても、どうだっていいじゃないか。あなたも何も気にしないでくれ！　２人はいい勝負をした。そこが大事なんだ。機会があれば、また会いましょう」

英語でそう伝えた。

ボクシングの試合は、一期一会である。

「エンダムとは二度と会うことはないだろう」と思っていた。群雄割拠のミドル級戦線において、そうそうリマッチなどない。だから一言でいい。最後に思いだけは伝えておきたかったのだ。そして何より彼への感謝の気持ちがあった。

世界でどこまで通用するかもわからなかった僕に自信をくれた。貴重な経験と同時に彼のレベルまで引き上げてくれた。世界のトップレベルと勝負できる資格のあるボクサーであることを証明してくれたのである。

「俺も君と同じ意見だ。リマッチになろうが、なるまいが、俺はいい。こちらこそ、ありがとう」

エンダムは、そう応えて、握手を求めてきた。

友情や友人などという言葉を軽々しく使うべきではない。ただ、あの12ラウンドを戦った2人だけにしかわからない何か特別なシンパシーが芽生えていた。

物議を醸した疑惑の判定

だが、2人の知らないところで、あの判定が思いもよらぬ騒動に発展していた。すぐにWBAの会長が声明を発表、のちにエンダムを支持した2人のジャッジは、6か月のサスペンド処分となり、WBAからはダイレクトリマッチ（すぐに再戦）が指令された。

WBAさえ疑惑と認めた判定問題は、当事者の手を離れて一人歩きしていた。

普段はボクシングとは無縁のワイドショーでも判定問題が取り上げられた。芸能人までが好き勝手を言うのには戸惑いと憤りがあった。

ここだけの話、嫌いになった人もいた（本に書いてここだけの話というのも変だが）。

ワイドショーのコメンテーターが行っている他人への評価とは、結局、他人を語っているようで自分を語っている。自分が他者より上の立場でいたいという欲求の塊に見えるのだ。

しかし見方を変えると、予期しなかったこれらの反応は「ボクサー村田」への歓迎すべき他者評価だったのかもしれない。

スンナリとチャンピオンになるよりも、チャンピオンになれなかったことで話題になったのだ。プロフェッショナルにはストーリーが必要とされるが、シナリオライターでも書けないストーリーを背負うことになったのである。

人には承認欲求が備わっている。自分を認めて欲しい、自分をアピールしたい、という欲である。ボクサーという職業は、なおさらそうだ。判定で敗れたけれど評価はしてもらった。「次こそは」の期待感を持ってもらえた。負けたという動かしがたい事実はあったけれど、そう考えると、悔しさのようなものは薄らいでいった。

試合後、しばらくは進退について触れなかった。いや触れることができなかったと言ったほうがいい。

虚脱感があったわけでも燃え尽きたわけでもない。内なる炎は、むしろ熱く大きくなっていた。この世界戦を実現するために実に多くの方々の力を借りた。

帝拳ジムには世界のリングに上がるまでに育ててもらい、電通は、赤字を覚悟で資金を集めてくれた。営業に東奔西走した人たちの苦労をリアルに知っている。

この敗戦は、それらの努力を水の泡にするものだった。僕一人が、「こんな判定には納得いかないので、もう一回やります」「次は勝てます。もう一回やりたいんです」と、勝手なことは言えなかった。

「もう一度やるぞ」

帝拳ジムのGOサインを待って僕は再起へと踏み出すことになる。

誰かのために戦いたい――。哲学者、アドラーが説く、他者への貢献というキーワードで深く人々と結びつきながら――。

一人村田会議

新王者、アッサン・エンダムは、日本の滞在は数時間という弾丸ツアーで2017年8月3日にホテルグランドパレスで行われた発表会見に、フランスから飛んできた。

再戦は2017年10月22日、両国国技館。多くの人達の力を借りた大掛かりな舞台である。

絶対に負けられない試合だった。本来ならば七転八倒するようなプレッシャーに苦しむはずが、意外に押し潰されるような感覚はなかった。

過去のプレッシャーと比べるのは難しいが、オリンピックのときの方が大きかった。

その本人の感じ方とは裏腹に、再戦に向かう3か月間、周りからは僕がプレッシャーに苦悩しているように見えたという。プレッシャーではなく肉体が壊れていた。僕は、この大事な試合を前に失敗をやらかしていたのである。

完全なオーバーワークだった。

歴史は繰り返すという。

5年前のオリンピックのときも、同じミスを犯していた。

オリンピックの出場権を得た世界選手権で、「オリンピックでも戦える」という自信をつけ、オリンピックで勝つためには「もっと練習を」「もっと努力を」と、限界まで突き詰めることになった、あげくにオーバーワーク。運よく金メダルは獲得したが、パフォーマンスは、納得のいかないレベルだった。

あのときのサイクルが、「エンダム戦1回目」と、「エンダム戦2回目」のつながりにそっくりだったのである。

エンダムとの再戦では、完全決着を期待されていた。僕もそれを求めていた。再戦で完璧に勝つためには、これが足りない、あれが足りないと、やり始めると、着手すべき改善点が尽きない。

たとえば、スパーリングから圧倒しようと気色ばむ。たった一度世界戦を戦っただけで、そこまでの実力もないくせに、前ガードから強引に追いかけるボクシングを続けてオーバーワークになる。無謀に追い込み、肉体の悲鳴に耳を傾けることができなかったのである。

肉体的にも、精神的にもプロに入って成長してきた。それは揺るぎのない事実だろう。貴重な人生経験を重ねてきたはずなのに変わらないものが僕の中にあった。

きっとコントロールのきかない僕の持つ本能がそうさせたのだ。

「心・技・体」のバランスが崩れると、次に不安や恐怖との戦いがやってくる。

次こそ勝てるという自信が、ときには……裏返るのだ。

僕は試合前になると拠点を移すホテルの部屋でぶつくさと独り言を言い始めた。アマチュア時代にやっていたセルフトークの進化型だ。

「試合が不安や」

「なんでやねん？」

いつも自問から始まる。

「なんでやねん？　って負けたらどうするの」

「負けたらどうするって、別に負けたところでどうってことないやろ」

「みんなが支えてくれているのに負けたら大変だ。迷惑をかけたらどうしよう」

たった一人の村田会議。自分の深層心理と向かい合う会議である。

声に出して、独りごちる。誰かが、横から見ていれば、奇妙な姿だろう。

「なんでそんなことにビビッてる。周りの目を気にしてるだけやろ？」

「そうかもしれんな。でも周りの目は気になる」

「周りにどう思われるかだけでビビッてるのか？　周りの目はコントロールできるか？」

「できない」

「じゃあ何が変わるんや？　お前のやれることだけを考えろや」


一人村田会議で、恐れていたものが可視化されると、これまで漠然としていて正体不明だった恐怖の正体が見えてくる。ただ他者評価に怯えているだけなのだ。

「恐怖はどこから来ている？」→「他人にどう思われているか」→「それはコントロールできるのか？」→「できない」→「じゃあできることをやれ！」と、ホテルのメモ用紙に書き綴るだけで、ほんの少しだが自分の精神状態がコントロールできるようになってくる。

ば、それでいい。

「自分に何ができるのか」の答えを出さなくとも、「何に対して不安なのか」の答えが出れ

一人村田会議を始めたのは、2016年末のブルーノ・サンドバル戦の試合前からだ。あの試合は、放送局の力になれればと、自分で帝拳ジムに直訴したまではいいが、いざ対戦相手に決まったサンドバルの映像を見ると、スピードもパンチ力もあって、楽勝と言えるボクサーではなかった。テレビ局は〝世界前哨戦〟と銘打ち、帝拳ジムもメディアに「2017年中に世界戦を実現したい」と明らかにしていた。

「負けたらシャレにならんなあ」

言い知れぬプレッシャーに襲われたとき、ぼそっと独り言が出たのである。

以来、この一人村田会議は、僕の大切な試合前行事になっている。一回の開催で終わることもあれば「また言うてんのか、お前。同じことの繰り返しになるぞ」と、何度も開催されることもある。ボクサーでいる限り、内なる戦いは永遠に続くのかもしれない。

エンダムとのリマッチ

エンダムとのリマッチで負ける可能性は、容易に想像できた。

エンダムのようなスピード型の選手と、僕のようなファイター型の選手のリマッチは、たいていの場合、ディフェンシブなスピード型の選手が有利に運ぶ。

エンダムは、僕のパンチの軌道がわかっているのだ。ディフェンスに徹するなら、一度、戦ったデータをなぞるだけでいい。

ましてチャンピオンである。引き分けでもタイトルは防衛するのだ。

一戦目よりもさらにジャブの手数を増やし、それをうまく当てられながら「お前のパンチのタイミングはもうわかっているぞ」と積極的に足を使われ、僕のパンチが空転する。そういう試合展開になれば勝ち目がない。最悪のパターンは、右を一発も、まともに打たせてもらえず、ジャブジャブジャブ、逃げる、ジャブジャブジャブ、逃げるのスタイルを徹底されることである。

僕は、試合前はネガティブでいいと開き直っていた。

理想を高くするときは減点のマインドになる。１００点満点で「俺は強い」「世界ベルトが待っている」などと想定した場合、それが少しでも違ったとき、「あれ？　何かおかしいぞ」と違和感を覚え、そこから減点が始まるが、出発地点をゼロ地点におき、たとえば、相手のパンチやスピードを高く想定しておくと、拳を合わせたときに、それ以下だった際に「ん？　そうでもない」と加点に変わっていく。

ネガティブ寄りに構え、そのネガティブをネガティブで終わらせなければ、結果、ポジティブに変わるのである。

10月22日。台風21号が関東地区を直撃した。世間の関心は、東京都知事の小池百合子が新党を作って自民党に挑んだ衆議院選挙にあった。

帝拳のバンの窓から灰色の空を眺めた。

「雨か……そういえばアマチュアのときから雨の日は調子よかったな」

メディアは、選挙か、村田か、の視聴率戦争を話題にしていた。そういえば、選挙の日は、こういう生中継のスポーツの方が見られるという話も聞いたことがある。

「みんなに見てもらえるかもな」

すべてを自分の都合のいいように解釈していた。

両国国技館のリングに上がるのは、プロ第2戦以来だが、解説や山中慎介先輩の応援などで何度も訪れている場所。大相撲の本丸だけあって畳が敷かれている大部屋などもあり、独特の日本文化の香りを残している。

リングアナウンサーは、ジミー・レノン・ジュニアさんが、務めてくれた。本場、ラスベガスのビッグファイトで、マイクを握る名物アナウンサーである。

関係者から話を聞くと、大の親日家で、なによりボクシングを愛している。僕自身も「サインをお願いしたい」ほどの大ファンである。

ジミーさんは、暗記した日本語で、特別バージョンの紹介をやってくれた。

「ニッポンノボクシングファンノミナサン！　コンバンハ！」

筋金入りのマニアの僕からすれば、本物のジミーさんが、目の前で日本語まで交えてコールしてくれたのは、最高のプレゼントだった。思わず、にやけてグローブをつけた両手を上下にたたき拍手を送った。

うまく落ち着かせてもらった。自然に平常心でゴングを迎えることができる。試合後、会長は、「あの姿を見て大丈夫だと思った」と笑った。

再戦では「様子を見る」という偵察は省いた。すでにパンチの威力、角度、タイミング、そしてスピードも知りつくしているのである。1ラウンドから猛チャージをかけて「嫌になるまで殴ってやろう」という覚悟があった。

前へ行くことは必要だったが、エンダムからすれば「ハイ！　いらっしゃいませ！」である。敵の射程圏内に飛び込む際に被弾するというリスクがあるのだが、尻込みなどしなかった。全身に闘争心が漲《みなぎ》っていた。乗っていたのだ。

ジャブから入る。ジリジリと前へ出た。するとエンダムは足を使って離れて戦うのではなく低い姿勢を保ち頭から突っ込んできた。それも2度3度、飛び込むようにして距離をつめ、そしてクリンチで腕を絡めてくる。まるで戦法を変えてきたのである。

意表を突かれた。

これまでの僕ならば、「頭がぶつかってカットするかも」と、顔を上げて逃げていただろう。だが、この夜は、やり返した。

「お前がそうするなら」

頭には頭で対抗した。関西弁でいう「パチキ」である。

結果的にこの選択が正解だった。

もし、あの頭の位置を嫌がっていれば、エンダムは「この場所は安全だ」と、頭を下げて、ジャブを打つ、動く、クリンチ、また頭を下げて……というパターンを繰り返しながら、時間を稼ぎ、ポイントアウトを狙ってきただろう。その意図に反して、こちらも頭をぶつけたことにより、エンダムは、面食らって、そういう作戦を取れなくなった。嚙み合ったのだ。

攻めるのは良かったが、その分、スタミナ消費が増す。

「このまま行って最後まで持つのか」という不安が頭をよぎった。けれど、1分間のインターバルで、コーナーに座って呼吸を整えると、3分間で感じた疲労はほとんど回復していた。トレーニングのおかげだと思った。

本来は、スロースターターである。

この頃のキャンプの定番となった沖縄国頭村《くにがみそん》でのトレーニングは、走り込みが中心だ。一周1・5キロのクロスカントリーコースを、8周走る。1、2周目は、一緒に走る他のメンバーと大差はない。スピードを上げようと思えばできるが、序盤にスタミナを使うと、後半にバテる。僕の場合、先に乳酸を溜めてしまうと、それが長続きしない体質なのだ。ボクシングにおいてもスロースターターが僕の体質といえる。これは直らない。体が徐々に温まってからの方がパフォーマンスが上がる。初めから行こうと思った試合は、失敗の部類に入ることが多い。この試合も、そういう意味では失敗だったが、ボクシングはペースを奪い合うスポーツである。一度、かけたエンジンを止めることは危険だった。

トレーニングが裏切らないという格言には嘘があるのだが、この試合に限っては、トレーニングは嘘をつかなかった。僕は、前へ、前へと前進を続けることになる。

6ラウンドの終了間際に打ち抜いた右ストレートには確かな感触が残った。エンダムは踏ん張ったが、ガクンと腰を落としたのがわかった。

7ラウンドになると、ジャブでエンダムが顎を上げ頭を前後に大きく揺らした。ボクシングは、こういう揺れによって脳に一時的なダメージを与えるのだ。

「危ないな。もしかすればやめるかもしれない」

冷徹な予感もあった。ギブアップ決着は、突然の予期せぬ結末ではなかったのだ。

金メダルと世界ベルトの違い

金メダルと世界ベルトの違いをよくメディアに尋ねられる。

客観的な価値観であれば、世界ベルトよりも金メダルが上だろう。4年に一度の大会であり、オリンピックの金メダリストは日本では48年ぶりであり、ましてミドル級のメダルは初めてだった。

一方、世界王者は、今、日本にいったい何人いるのだろう。

しかし、人は主観の世界で生きている。

繰り返しになるが、オリンピックで金メダルを獲得したときは泣けなかった。

オリンピックは、恩師の武元先生が、そこにいなかった。誰のためでもなく、自己中心的に自分一人で戦ったメダルだった。金メダルは誰のものでもなく自分のものだった。しかもそこに幾分かのラッキーが加わっている。

主観的な喜びで言えば金メダルよりも世界チャンピオンの方が嬉しかった。

主観的な価値としてもそうだった。世界ベルトは世界選手権で五輪出場を決めたシュテフアン・ハーテルとの試合のときの感動と同じく最上位にくる。武元先生の悲願を叶えて涙したときの気持ちと、世界のベルトを取って本田会長やスタッフのみんなと共に1戦目の判定負けを乗り越えてつかんだ感動は、甲乙つけられないものだった。

チャンピオンになって何が変わったのだろう。

世界観か、人生観か、取り巻く環境か。

チャンピオンになると、周りからの扱いは劇的に変化した。

6年前の金メダルの喧騒以来、しばらく大人しくしていた「ピョン吉」が、胸からポーンと飛び出して、僕を引っ張り回し始めたのだ。

若い世代の人にはピンとこないかもしれないが、漫画『ど根性ガエル』では、主人公ひろしのTシャツの胸に住み着いた「平面ガエル」のピョン吉が、「ど根性!」と声を上げてひろしを引っ張り回す。

僕にとってチャンピオンの肩書きは、そういうものだ。僕の意思とは別のところで、もてはやされ、それは、すでに金メダルの時に経験したことのある状況でもあるが、そのピョン吉君のおかげでわかったことがある。

チャンピオンになった今、何ができるか、という問いかけの答えである。

アドラー的目的論で生きる

板橋区に定期的に顔を見せる福祉施設がある。身寄りのない小学生から18歳くらいまでの子供たちが暮らしている施設だ。

チャンピオンになって、その報告に行った。2時間ほど一緒に遊んだり、たわいのない話をしたりするだけだが、「チャンピオンになったら来るって言っていたけど本当に来たね」などと褒めてもらって、僕の方が楽しくいい気分にさせてもらう。

卒園生の人たちも、僕みたいなのを目当てに集まってくれていた。

もう社会人となって施設を出た一人の女性と話をした。

「お父さんとお母さんが早くに亡くなっちゃってこの施設に入ったんです。両親とは、いつか別れるものですよね。それが私の場合は、少し早かっただけ。今、やりがいも責任も夢もある仕事ができています。だから、ここで育って良かったなと思います」

僕は、この女性のきっと辛かったであろう過去に思いを巡らせ、不覚にも言葉に詰まった。

心理学者のユングやフロイトは因果論、運命論を説く。

でも、彼女は運命論ではなく、アドラー的な目的論で人生を歩んでいる。

過去に原因を求めるのではなく、今、何を目的に生きるか。僕がずっと自問自答してきたことと同じだ。

「誰かのために」とここを訪れたが、僕の方が生き方の道標《みちしるべ》を教えてもらった。

「俺なんかが行って何ができるんやろう？」と、最初は臆《おく》していたが、実際に行けばわかった。「テレビに出ているおっさんが来てくれる、嬉しい、楽しい」。単純にそれだけでいいのだ。


社会貢献というものを、何も難しく考える必要はない。

頑張っている人たちに「頑張ってください」と言うことが難しく、辛かったこともある。でも、その一歩を踏み出さないことには、二歩目、三歩目には、つながらない。

僕のプロデビュー戦も、6回戦だった。6ラウンドで終わる試合である。そこから今は12ラウンドを戦う世界のリングに立てるようになった。今、何ができるのか。

「what can I do」の精神である。

神学者、ラインホルド・ニーバーは『ニーバーの祈り』の中でこう訴える。

「神よ、変えることのできるものを変え、そして変えられないものを受け入れること。その二つを識別できる知恵を私にお与えください」

自分にできるもの、変えていけるものは変えていきましょう。でも　できないものは受け止めましょう、という考え方である。

仏教だってそう。諸行無常の世界。常に同じものはない。常に同じものはないからこそ今というものを大事にしなければならない。

チャンピオンになったからではない。

「エンダム戦1回目」から「エンダム戦2回目」への激動の中で、ボクシングが、僕に教えてくれたのは、本当の戦う理由だったのかもしれない。

目標は、東京ドームでの世界戦

「夢は？」と聞かれると答えに困る。

人生経験が重なり、それを大人と言っていいものかどうか、多少の憚《はばか》りはあるが、大人になるにつれ、本来、現実味がなく、おぼろげであるはずの夢がハッキリとした目標に変わっていくからだ。

中学時代、周りから「村田（当時高本）は喧嘩が強い」と言われたくてボクシングを始めて、それが達成できたら、次は高校のインターハイ出場が目標になった。インターハイで優勝を果たせば、高校6冠を目指し、次は全日本選手権。そして全日本選手権からアジア大会、世界選手権の銀メダルとステップアップして、オリンピックの金メダルを獲得した。

27歳でプロへ。目標に掲げたのは世界チャンピオンである。ステージが変わるときに新しい夢や目標が見えてくる。

だから夢はコロコロと変わる。夢を夢として考えなくなったのだ。

目標を作り達成し、そして次の目標へ。そういうものが積み重なり、振り返ったときに、ひとつの夢が完成する。

それはアップルの創始者、スティーブ・ジョブズの考え方に似ているのかもしれない。ジョブズは講演でConnecting the dots（点と点を結びつける）という話をしていた。

「若い頃に先々のことまで考えて点と点をつなげてみるようなことはできなかった。しかし10年後からふり返ってみると、ハッキリとわかる。先を読んで点と点をつなぐことはできないが、後からふり返って初めてできるわけです。だから、点と点が将来どこかでつながることを信じなさい。自分の勇気を信じなさい」と。

今、僕は、そのドットをまだ付けている段階、将来を先に考えるのではなく、今、やれることをやって、後から、それを線で結べばいい。「what can I do」の精神だ。

今の自分がやれることは何だろう。

今の自分が変えていけるものは何だろう。

哲学者、アドラーは、「大切なのは、なにを与えられているかではなく、与えられたものをどう使うか」だと語る。

僕に与えられたものは何だろう。自問すれば、運よく戴冠した世界ベルトの価値を利用して、ボクシングに注目を集めて、スポーツの価値を上げたいという目的に行きつく。

夢は語れないが、目標はある。

東京ドームで5万人を集めて行う、ビッグマッチの実現だ。

海外発のネット記事に、プロモートをしてもらっているボブ・アラム氏のコメントが載った。「ゴロフキンと村田の世界戦を東京ドームで開催できれば面白い」という東京ドーム構想だった。あながち不可能な構想ではない、と思った。

過去、日本では2度、ボクシングの興行が東京ドームで行われている。

1988年のマイク・タイソン対トニー・タッブスのヘビー級統一戦。

もう1試合は、その2年後の、マイク・タイソン対ジェームス〝バスター〟ダグラス戦だ。ダグラス戦はタイソンがKOで敗れ、東京発のショッキングなニュースが「世紀の番狂わせ」として世界中を駆け巡ったという。

「という」としたのは、当時、4歳の僕は、その当時の喧騒を知らないからだが、映像だけは何度も見た。マウスピースを吐き出したタイソンが、キャンバスに転がったそれを探して口の中へねじ込むようにして入れ直し、立ち上がろうとしたシーンは印象に残っている。

　その2試合をプロモートしたのが、帝拳ジムの会長である。

　まだ会長とは冗談でも、この話をしたことがないが、僕が決して夢物語ではなく目標として東京ドーム構想を語ることができる拠《よ》り所ではある。


　第2章で、中学生の頃に「憧れのトリニダード」「将来、ラスベガスでビッグマッチをする」と書いた。すでに2試合経験させてもらった、ラスベガスへの憧憬が消えたわけではない。そういう自己欲求は、いつのまにか、他者貢献の思いに押されてきて、日本でのビッグマッチが、ボクシング界のためになると考えるようになってきたのである。

　悲しいかな日本人は、国内の関心事でなければ興味をもちにくい傾向がある。

　日本人と書いたが、何も日本人だけの特徴ではなく、元6階級王者、マニー・パッキャオの試合をマカオで行い、アメリカのプライムタイムに合わせて放送しても、アメリカ国内の視聴率が伸びなかったのと同じ原理だ。

　それをマーケティングの観点に置き換えれば、日本のボクシング界全体を盛り上げるための起爆剤としては国内でのビッグイベントが近道になることがわかる。

　今、近代ボクシング発祥の地であるイギリスでは、空前のボクシングブームが起きている。僕と同じく、ロンドン五輪のスーパーヘビー級で金メダルを獲得したWBA世界ヘビー級スーパー・IBF世界同級王者のアンソニー・ジョシュアが、サッカーのスタジアムで8万人、9万人規模の世界戦を実現、ジョージ・グローブス対クリス・ユーバンク・ジュニアの英国人同士の試合の2万枚のチケットも、たった7分で売り切れた。

　東京ドームで5万人を超える観客動員を実現し、そこから風を吹かすことができれば日本のボクシングの新しい形が見えてくるかもしれない。

　マッチメイクも、たとえゴロフキンとの統一戦が実現しても僕一人の試合だけでは無理だろう。日本のボクシング界全部の力を結集しなければならない。

　ではいつやるか。悠長に構えるつもりはない。

　32歳。ボクサーとして残されたカレンダーのページは、そう多くない。

「いつまで戦うのか」と自問する夜もある。

　35歳での引退を考えたこともあった。

　ゴロフキンでさえ、36歳を超えて衰えを指摘されている。

　マイク・タイソンと激闘を演じた元ヘビー級の統一王者、イベンダー・ホリフィールドも、

35歳を超えるタイミングでガクンとパフォーマンスが下がり落日に向かった。

しかし、チャンピオンになって僕自身の35歳引退説は消滅した。なぜ、わざわざボクシング人生のゴールを決める必要があるのだろう。可能性に上限を決めてどうするのだ。今、3年後の自分の肉体やモチベーションを想像することに何の意味もない。

その時に限界だと思えばやめる。行けると思えば続ける。どこまでも突き進めばいい。明日のことは誰にもわからない。どうせ、いつかやめなければならないときがくる。周りの忠告もあるだろう。そういう声に真摯《しんし》に耳を傾けなければならない時期もくる。

あるイベントで、帝拳ジムの代表でWBC世界ジュニアライト級（現・スーパーフェザー級）王者だった浜田剛史《つよし》さんから、こんな引退秘話を聞いたことがある。

膝も悪い、拳も悪い、腰も悪い。浜田さんは、万全な状態でリングに上がったことが、一度もなく、練習でも100％の力を出したことがなかった。

だが、「試合になればできる」という自信があった。レネ・アルレドンドとの再戦に敗れWBCのベルトを失ってからも再起するつもりで練習を続けていたが、ある日、「今日が試合だと思って全力でやってみよう」と思ったという。

ガッ、と一回踏み込んだ。その時に、もう納得する動きができなかった。

「ああ、これはもう引退の時だな」

浜田さんはジムで引退を決めたのだ。

恰好いい、去り際の美学。常に全力で戦い、そのための準備をしてきた男だからこその引退観ではなかったか。本気でやってみる。とことん、本気でやってみても、その時は来る。

意外と40歳まで戦っているのかもしれないが……。

僕は北京五輪出場を逃したときに、一度、引退した男である。そこからの時間は、あっという間に過ぎた。あの時、まさか32歳までリングに上がり続けているとは思ってもみなかった。

スティーブ・ジョブズの言う、「人生のドットとドットをつなぎあわせる時間」が、あっという間に過ぎ去るのであれば、最強と呼ばれるボクサーと一日でも早く大きな舞台で戦いたいと思う。

できれば今年の年末、遅くとも来年。それが実現すれば、ボクシングを通じて日本社会やスポーツ界を元気にしたいという目的の達成にもつながる。達成できる一つ一つの目標を超えていった上に、今は語れなくなった新しい夢がまた見えてくるだろう。

あとがき

バンデージは、5回重ねるように巻いて拳に当たる部分を分厚くさせる。あっという間に巻き終える。性格なのかもしれないが、トイレも食事も何をするのも早い。グローブをはめてサンドバッグを叩くと、ギリギリと鉄製の鎖が軋《きし》む。オリンピック狂騒曲はまだまだ終わらないが、僕は隙を見つけて、板橋区にある東洋大総合スポーツセンター・アリーナ棟6階にあるボクシング道場に足を踏み入れた。

いい天気だった。ガラス張りにデザインされた最新鋭の道場からは、綺麗にスカイツリーが見えた。

学生をつかまえて、軽くマスボクシングをやった。

「やっぱ、面白いわ」

ワクワクした。

錆《さ》びつきを覚悟していたが、思ったより体も動いた。

「まだまだ、オレは伸びるやん。もう少しボクシングをやりたいな」

本気で、そう思った。

プレッシャーから解放されたボクシングは、純粋に楽しかった。

もしここで、「もう疲れが抜けへんわ。オレこの先、全然、強なれへんわ」という思いがほんの少しでも頭をよぎったならば、僕は即行で、おそらくウサイン・ボルトの100メートルの記録よりも、速く引退を決意しただろう（笑）。

今、現在「ボクシングをやりたい」という気持ちはあるが、何も4年後のリオ五輪を考えているわけではない。

ロンドン五輪決勝で対戦したファルカンは、4年後は26歳。彼の地元ブラジルで開催される大会では、また恐ろしいまでにバージョンアップしてくるだろう。そう考えると、とても4年後のリオで金メダルを獲得しますとはいえない。ただ、僕にもまだ伸びしろと可能性は多くある。リオを目指すかどうかは別として、これだけはいえる。

この先も、ボクシングのない人生など考えられない、と。

もしボクシングがなかったら？

今何をしていたか。どういう人生を歩んでいたか。まるで想像ができない。

おそらく、こんな仕事をしていたでしょうという仮定の話さえできない。

NO Boxing, NO Life.

伏見中学の担任だった北出先生が、ボクシングとの出逢いを与えてくれて、奈良工業高校の高見先生に手ほどきを受け、進光ジムを経て、南京都高校で武元先生と巡り会った。東洋大学に進み、東郷総監督や、金城監督のお世話になり、国際試合の日本代表に選んでもらえるようになって、山根明会長を始めとする日本アマチュアボクシング連盟の方々の絶大なるご支援をいただいた。東洋大に就職して学生生活課、広報課の職員の方々の理解と応援のおかげで、ボクシングのできる環境を与えていただいた。

両親に兄弟。かけがえのない多くの友に、そして妻と息子。

その、すべての出逢いが、ボクシングにつなげてくれた。本当に心から感謝をしたい。

ボクシングがあるから、今、僕は存在している。恰好よく書けば、僕のレゾンデートルは、ボクシングそのものである。

しかし、ボクシングは、いつも僕を優しく愛してくれるわけではない。オリンピック後の喧騒と、周囲の環境の変化に戸惑い、人間不信さえ起こしかけていた頃、オヤジから一通のメールが入った。

「レイザーラモンの精神で。『フォー』と言って乗り切ろう。都合が悪いときには、死んだふり。マンガ家・ジョージ秋山さんの『浮浪雲《はぐれぐも》』の主人公のように深刻にならないこと。飄々《ひょうひょう》と生きろ！」

レイザーラモンＨＧって懐かしすぎるやん（笑）。……今頃、オヤジ、それを持ち出すかぁとも思ったけれど、ロンドン五輪の金メダリストの村田諒太も、そのうち、世の中から簡単に忘れられるだろう。

たとえ、人々の記憶から消えていこうが、僕自身が、決して忘れてはならないものがある。ボクシングとの出逢い、環境を作っていただいた、たくさんの方々、そして、人間が持つ無限の可能性を教えてくれ、生きがいを与えてくれたボクシングそのものへの感謝の気持ちである。

だから、本書のエンディングは、この言葉で締めくくりたい。

「皆さん、本当にありがとうございました！」

そして、最後に。

きっと、いつもそばにいて見守ってくれている恩師へ。

「ブレやすい僕ですが、先生の教えに恥じない生き方を貫こうと思います。でも、道に迷い逆境に陥ったとき、謙虚さを失い感謝の気持ちを忘れかけたとき……また夢に出て来てくださいませんか」

２０１２年12月　村田諒太

解　説

飯田覚士

初めて村田選手のボクシングを見たのは２０１２年のロンドン五輪で48年ぶりとなる金メダルを獲得した際の映像でした。体の強さを生かして戦うファイターで、従来のアマチュアボクシングのイメージを覆すようなスタイルに「こんなミドル級のボクサーが日本からも出てきたのか」と興味を抱いたことを覚えています。

一方で、プロ転向をイメージしたとき、村田選手のようなパワー型の速攻選手は、アマチュアルールの3ラウンドならば力を発揮しますが、プロの12ラウンドの戦いへの対応は簡単ではないため、時間のかかる選手じゃないかなとも考えていました。

ちょうど、この頃、ボクシングの専門誌で対談しました。

高校〜大学とボクシング部での生活を送ってきただけあって、体育会系の人物で礼儀や上下関係もわきまえている好青年でした。非常に理知的で頭脳も明晰。強気のコメントもあり、対談を離れたところで昔の武勇伝も聞きましたが、プロ向きの性格だとも感じました。

ＯＰＢＦ東洋太平洋ミドル級王者だった柴田明雄選手とのデビュー戦で村田選手は圧倒的な強さを見せつけます。もうすでに日本、東洋のレベルの選手ではありませんでした。

これが軽量級ならば、日本、東洋から世界へポンポンポンと3段階で上がります。しかし、ミドル級の世界は違います。日本、東洋のくくりと世界の間に大きな距離があります。今後、どういう風に、その距離を縮めていくんだろう？　と、そのチャンピオンロードは見えてきませんでした。

その後、ＷＯＷＯＷの海外ボクシングの解説をさせていただいている関係で番組のゲストとして来た村田選手と会う機会がありました。番組内で私は現ＩＢＦ世界ライトヘビー級王者、アルツール・ベテルビエフ（ロシア）が右ストレートで相手を倒したＫＯシーンをこう分析しました。

「右を出しながら、相手が動いたのに応じてパンチの軌道を変えて的確にヒッティングポイントの場所をずらしましたね」

放送が終わると村田選手が聞いてきました。

「相手が避《よ》けてからパンチの軌道を修正するなんて本当にできるんですか？」

「できるよ。僕も現役時代からやっていたよ」

そう答えると、「え、そうなんですか？　僕は、そんなことやっているのかな？　そんなことってできるのかな？　できる気しませんけど」と驚いたような顔をしました。

おそらく村田選手はフィジカルが強靭なので〝目の力〟を使わずとも勝てていたのです。視覚より触覚のようなもので距離感をつかんでいたのでしょう。ヒッティングポイントが5センチずれようが10センチずれようが関係のない圧倒的なパワーです。

軽量級で、しかも、パンチ力がそれほどでもなかった現役時代の私は、5センチよりさらに精密に急所を狙ってパンチを当てる必要がありました。

私は、「パンチの軌道修正は、相手の動きが見えればできるんだよ」と続け、動体視力を鍛えることで、それが可能になること、私自身が、ビジョントレーニングで、その力を伸ばしてきたこと、今は指導する側にいることを説明しました。

２０１５年11月、仙台で行われたＷＯＷＯＷ主催のダブル世界戦の放送で村田選手と再会しました。研究熱心な村田選手は、動体視力の話に関心があったのでしょう。また質問攻めです。

私は、たまたま「ブロックストリング」という簡易トレーニング器具をカバンに入れていました。ロープに赤、青、黄、緑など色のついた玉が通してあるもので、そのロープを目の前に水平に伸ばして、色のついた玉を移動させ、その玉を凝視することで、寄り目になるなどして眼球が動くのです。基本的な眼球運動ですが、村田選手に試してもらい、目の動きをチェックすると、まったく動いていませんでした。でもやっている本人は自分の目がどう動いているかはわかりません。

「え？　動いていませんか？」

私はその器具を使って眼球が動く手本を見せました。

「こうやって動けばいいんだけど、村田君の場合、焦点が定まらず動いていないね」

しばらくすると村田選手から、「本格的に取り組みたい」という連絡がありました。その年の11月上旬にラスベガスで判定勝利した試合が、彼自身「最悪の試合」と反省する、相手を倒しきれなかった内容で焦りもあったのでしょう。

確かに、この頃の村田選手は迷走しているようでした。フィジカルの優位さを存分に生かす戦いが持ち味だったのに、プロに入ってからは器用にいろんなことをやりすぎていました。安全に戦うこと、足を使うこと、ジャブを多用することなど、プロのスタイルを意識しすぎて、せっかくの持ち味を殺していました。〝目の力〟がついていない段階で距離感を意識するとおかしくなります。

村田選手には、60秒間、もぐらたたきの要領で、アトランダムに点灯する箇所を手でタッチしていくというビジョントレーニングをやってもらいました。一般の成人男性で80から90回、目を使うアスリートで100回前後はタッチすることができるのですが、村田選手は一般成人男性のレベルよりちょっと悪い数字でした。ビジョントレーニングは一人でできます。目で動きを追っていく追従運動、左右に目を動かす跳躍運動という2つの眼球運動の基礎トレーニング方法を教えました。

効果には、個人差があります。私は、現役時代、半年で身につきましたが、1週間、10日間で飛躍的に効果の出る人がいれば、なかなか出ない人もいます。

村田選手は後者でした。実戦の中で実感がなかったのでしょう。始めてから2、3か月はスルスルと良くなっていったのですが、そのうち自宅でのトレーニングもサボりだしたようで、数値も落ちていました。

でも、エンダムへの世界初挑戦が決まると、自宅用にビジョントレーニングマシンも購入して、再度、力を入れて取り組むようになりました。まだ不十分でしたが、「ギリギリ動きだしたかな」という段階でエンダム戦を迎えることになったのです。疑惑の判定として大騒ぎになった、あの試合です。

どこから見ても、村田選手の負けはありえないと思いました。村田選手の失意をおもんぱかりましたが、彼は、「これまでと感覚が違いました。パンチが見えるようになりました」と言うのです。

エンダムとの再戦が決まり、その1か月前に最後の動体視力のチェックにジムに来たとき数値が落ちていました。げそっとした表情が印象的でした。私も現役時代そうでした。周囲の期待と、絶対に負けられないという状況にあって相当のプレッシャーだったのでしょう。

この本には、「プレッシャーはなかった。オーバーワークが原因」と、書かれていますが、私もボクサーだからわかります。荷物が肩にたくさんのっかっている苦しみを。

エンダムとの再戦は、村田選手の長所を前面に押し出した試合でした。エンダムは、前に出て想定外の接近戦を挑んできましたが、何も意図的に打ち合ったのではなく、村田選手が一戦目よりも前に出たため、「そのうちつかまる」と、苦し紛れに、その選択肢しかなくなっていたのでしょう。村田選手の強いハートと〝圧〟に負けて足を使えなかったのです。

今、世界のミドル級には人気も実力を兼ね備えたチャンピオンが君臨しています。村田選手も度々口にしていますが、上には上がいるのです。そのミドル級最強を争う双璧が、現WBA、IBF、WBCの統一王者で38戦無敗のゲンナジー・ゴロフキン（カザフスタン）と、元2階級王者、サウル〝カネロ〟アルバレス（メキシコ）の2人です。昨年9月に両者は対戦しました。

結果はドローで、統一王者のゴロフキンが防衛しました。ゴロフキンは強烈なプレッシャーから相手を崩して自分の型にはめこむようなボクシングスタイルで戦います。強引なパワーボクシングのように見えて、うまくフェイントを使いながら相手を思いのままに操作していく、詰め将棋的なボクシングです。

しかし、もう35歳。この1、2年、そのボクシングに狂いが見え始めています。年齢的な衰えかもしれません。少し下降線を辿る無敵のゴロフキンにドローという形で並んできたのがアルバレスです。超攻撃的な倒し屋で無敗のゴロフキンをヒヤっとさせました。

アルバレスの特徴は、爆発力だけでなく、そのディフェンス力です。本当にパンチをもらいません。私は、この5月に予定されている再戦は、アルバレスの判定勝利を予想しています。

アルバレスが前回よりも、もっとヒット&アウエーを徹底すれば、ゴロフキンはポイントを失い続けるのではないでしょうか。アルバレスが序盤にいいパンチを当ててペースをつかめば、中盤、終盤につかまえてゴロフキンを立ったままTKOに追い込む場面もあるかもしれません。この試合の勝敗いかんで、ミドル級戦線は、再び混乱します。そして、この試合の勝者が、村田選手の今後のターゲットということになるでしょう。

現段階では、まだ2人が村田選手より一枚上です。絶対的な経験値が違います。

もし村田選手がゴロフキンと対戦することになるのならば、どちらもプレッシャーをかけていくタイプですから壮絶な乱打戦となるでしょう。ゴロフキンは、左右の脇腹へのボディからアッパーを使い「逆T字」のような攻撃パターンを徹底してきます。一方、村田選手は、武器である右のパンチから左ボディという「X字」の攻撃パターンです。村田選手が、これまでに経験したことのないトップレベルの攻撃に耐え、パワーを全開できれば面白い展開が待っています。

相手がアルバレスならば、この試合は噛み合わない可能性が高いでしょう。アルバレスは距離も取れます。村田選手の強いパンチを遠い距離で外してパンチの到達までの時間を稼ぎ、見切ることを考えるでしょう。追う村田選手が、エネルギーを消耗して空回りするケースが想像できます。ボクシングには、単純に強い、弱いだけでなく、噛み合う、噛み合わないというボクシングスタイルの相性が存在します。その面から見ると、対アルバレスよりも対ゴロフキンに勝機は見えます。

ミドル級最強の座を狙っているのは、村田選手だけではありません。WBO世界ミドル級王者のビリー・ジョー・サンダース（イギリス）、ゴロフキンの連続KO防衛記録を「17」で止めた元WBA王者のダニエル・ジェイコブス（アメリカ）、そして、そこに元IBF世界スーパーウェルター級王者ジャーマル・チャーロ（アメリカ）、元WBA、WBO世界スーパーウェルター級王者デメトリアス・アンドレード（アメリカ）という下の階級から勢いに乗って上がってきた2人の若手が虎視眈々《たんたん》とチャンスを狙っています。

でも、考えてみれば、こんな世界の超トップのボクサーと村田選手の対戦を議論できるなんて夢のような話ではありませんか。世界のボクシング史に残るようなミドル最強が争われている時代に、村田選手が一人のチャンピオンとして加わっているのです。一瞬たりと、息の抜けない険しい道であることは確かです。でも、村田選手は、まだまだ伸びる要素を持っています。発展途上の〝目の力〟がつき、あのパンチ力で5センチ以内の誤差で急所にインパクトができるようになければ、〝やばい〟ことになります。現在は、次のステップの体の中心軸を作るという段階に入っています。平均台などを使ってトレーニングするのですが、これが身につけば視覚情報から距離感をつかみ空間把握が可能になります。ミドル級の頂点に立つことも不可能ではありません。究極の夢――。見せて欲しいです。

――元WBA世界スーパーフライ級チャンピオン

JASRAC 出 1802530-801

この作品は二〇一二年十二月小社より刊行されたものに
加筆修正し、新たに最終章を加えたものです。

101%のプライド

村《むら》田《た》諒《りょう》太《た》

平成30年4月10日　初版発行

発行人——石原正康
編集人——袖山満一子
発行所——株式会社幻冬舎
〒151-0051東京都渋谷区千駄ヶ谷4-9-7
電話　03(5411)6222(営業)
03(5411)6211(編集)
振替00120-8-767643
印刷・製本—図書印刷株式会社
装丁者——高橋雅之

検印廃止
万一、落丁乱丁のある場合は送料小社負担で
お取替致します。小社宛にお送り下さい。
本書の一部あるいは全部を無断で複写複製することは、
法律で認められた場合を除き、著作権の侵害となります。
定価はカバーに表示してあります。

Printed in Japan © Ryota Murata 2018

幻冬舎文庫

ISBN978-4-344-42732-7　C0195　む-9-1

幻冬舎ホームページアドレス　http://www.gentosha.co.jp/
この本に関するご意見・ご感想をメールでお寄せいただく場合は、
comment@gentosha.co.jpまで。